MONTRÉAL INSOLITE ET SECRÈTE

Philippe Renault

D0896576

Jonglez

Nous avons pris un immense plaisir à la conception
du guide *Montréal insolite et secrète* et espérons
que, comme nous, vous continuerez grâce à lui
à découvrir des aspects insolites, secrets
ou encore méconnus de la ville.
Accompagnant certains lieux, des encadrés
thématiques mettent en lumière des points
d'histoire ou relatent des anecdotes qui permettront
de comprendre la ville dans toute sa complexité.
Montréal insolite et secrète met également en valeur
de nombreux détails visibles dans des lieux
que nous fréquentons parfois tous les jours sans
les remarquer. Ils sont une invitation à
une observation plus attentive du paysage urbain
et, de façon plus générale, un moyen pour regarder
notre ville avec la curiosité et l'attention dont
nous faisons souvent preuve en voyage…

Les commentaires sur ce guide et son contenu
ainsi que les informations sur des lieux que
nous n'évoquons pas ici sont les bienvenus.
Ils nous permettront d'enrichir les futures éditions
de ce guide.

N'hésitez pas à nous écrire :
• Éditions Jonglez, 17, boulevard du Roi,
  78000 Versailles, France.
• par mail : infos@editionsjonglez.com

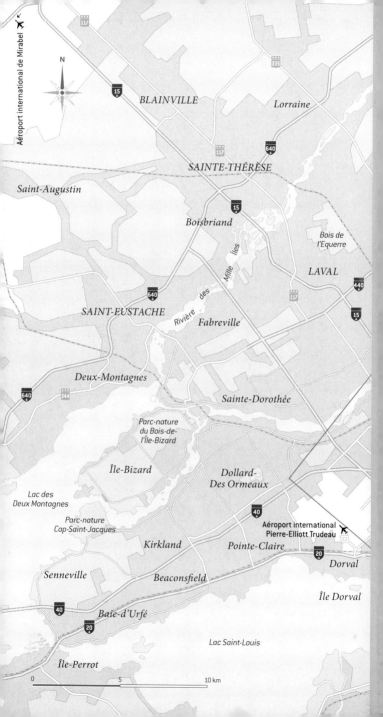

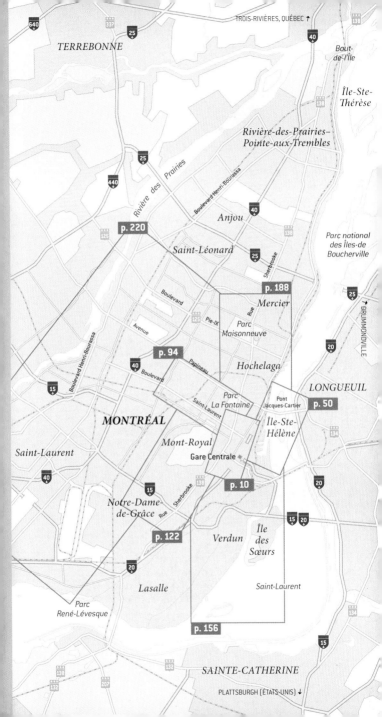

SOMMAIRE

SOMMAIRE

LE CENTRE-OUEST ET LE SUD-OUEST DE L'ÎLE

LE CENTRE-EST ET L'EST DE L'ÎLE

ROSEMONT, LES QUARTIERS DU NORD ET DE L'OUEST DE L'ÎLE

INDEX

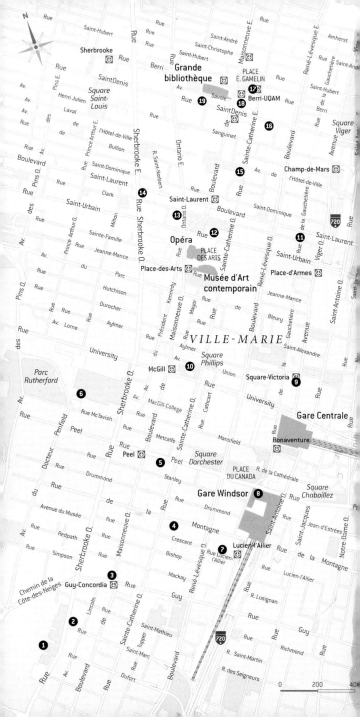

VILLE-MARIE, CENTRE-VILLE

LE GRAND SÉMINAIRE ❶

2065, rue Sherbrooke Ouest
• Visites guidées (contribution volontaire suggérée) d'environ
1 h 30 en juin, juillet et août du mardi au samedi à 13 h et 15 h
• Tél. 514 935-7775

On pénètre dans l'enceinte du Grand Séminaire de Montréal comme on ouvre un livre d'Histoire. Les premiers missionnaires sulpiciens s'établissent en 1676 sur ce site voué principalement à

Oasis historique au cœur de la ville

l'évangélisation des Amérindiens. Dix ans plus tard, le site est fortifié de tours et courtines, on y construit des habitations, une chapelle et des installations agricoles. La mission amérindienne ayant déménagé au Sault-au-Récollet en 1692, le fort des Messieurs de Saint-Sulpice ou fort de la Montagne devient un lieu de repos et de méditation pour les prêtres.

Le Grand Séminaire est fondé en 1840 à la demande de Mgr Bourget, évêque de Montréal, et il devient en 1878 le siège de la faculté de théologie. Depuis 1967, la faculté a rejoint le site de l'université de Montréal, de l'autre côté de la montagne. Un enseignement autonome est aujourd'hui encore dispensé au Grand Séminaire sous l'égide de l'université du Latran à Rome.

Depuis sa création au XIXe siècle, l'ensemble architectural s'est beaucoup agrandi. Du fort d'origine, il ne reste que deux tours en pierre construites par le sulpicien François Vachon de Belmont. Classées monument historique, elles font partie des plus vieilles constructions de la ville. Marguerite Bourgeoys, la première institutrice de Ville-Marie (Montréal) enseigna dans une de ces tours. La promenade conduit ensuite vers les jardins du domaine où s'étend un grand bassin : un ouvrage exceptionnel tant par ses dimensions que par son histoire. C'est le troisième bassin (les deux premiers ont disparu) à avoir été construit dans ce domaine de la montagne probablement entre 1731 et 1747. Il a été restauré en 1801 et en 1990. Bordé d'arbres centenaires, ce plan d'eau de 158 mètres de long pour huit mètres de large est alimenté par un bassin de drainage et une ancienne source qui coule des flancs du mont Royal. La visite se poursuit à l'intérieur où l'on découvre la remarquable chapelle du séminaire. Construite en 1964 sur les plans de l'architecte John Ostell, elle fut agrandie entre 1903 et 1907 et décorée dans le style Beaux-Arts de l'époque. Un orgue flambant neuf y a été installé grâce à un donateur

anonyme pour célébrer les 150 ans du diocèse de Montréal en 1990. Des concerts sont donnés dans la chapelle durant le festival des Couleurs de l'orgue français qui se déroule chaque année en octobre.

LE TEMPLE MAÇONNIQUE DE MONTRÉAL ❷

2295, rue Saint-Marc et 1850, rue Sherbrooke Ouest
• Tél. 514 933-6739
• Métro Guy-Concordia
• Visites guidées sur rendez-vous uniquement en appelant
au 514 933 64 52, pendant la journée portes ouvertes annuelle au
printemps ou lors d'événements spéciaux comme des concerts

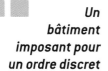

Un bâtiment imposant pour un ordre discret

L'imposant temple maçonnique du 1850 de la rue Sherbrooke est le principal lieu de rassemblement des francs-maçons montréalais.

De style néoclassique encore appelé Beaux-Arts, sa façade sert de cadre à la présentation des symboles maçonniques.

Le Temple superpose trois niveaux qui matérialisent les trois étapes de la vie maçonnique : un très haut soubassement qui occupe presque la moitié de la hauteur de l'édifice et où se trouve l'entrée, un étage décoré de

quatre grandes colonnes et de deux pilastres, et un fronton dominant la façade sous lequel est inscrit « masonic memorial temple », qui rappelle que l'édifice fut construit entre 1928 et 1929 en hommage aux victimes de l'ordre durant la Première Guerre mondiale.

La monumentale porte d'entrée en bronze est flanquée de deux colonnes octogonales coiffées de chevaux ailés et de deux globes, un céleste et un terrestre. Également en façade, une frise contient la devise Fides, Caritas, Veritas, Libertas, Spes (foi, charité, vérité, liberté, espérance) et les symboles de la règle et du compas associés à la franc-maçonnerie. À l'intérieur, on remarque les remarquables boiseries et le mobilier de la salle de la Grande Loge.

L'histoire des francs-maçons au Canada remonte au début de la colonisation. Alors qu'ils venaient de conquérir Québec, en 1759, les officiers du général James Wolfe fondèrent très rapidement une Grande Loge provinciale et établirent une puissance maçonnique dans le territoire conquis par la Grande-Bretagne. Auparavant, les francs-maçons francophones se seraient réunis en Nouvelle-France dans la Loge des francs-maçons régénérés, dont la date de fondation est probablement postérieure à 1743. Le siège social de la Grande Loge provinciale fut transféré de Québec à Montréal en 1788 par sir John Johnson, Grand Maître de l'époque, qui demeurait à Montréal.

Malgré cette présence lointaine des francs-maçons, ce n'est qu'au XIXe siècle que le premier temple proprement dit voit le jour dans la métropole, en 1825, sur le site qu'occupe actuellement le marché Bonsecours. Il sera détruit dans un incendie en 1833 puis connaîtra plusieurs adresses pour finalement déménager de la rue Dorchester à l'emplacement actuel au croisement des rues Sherbrooke et Saint-Marc.

Le 22 juin 1929, 2 000 membres de la confrérie ont marché de l'ancien temple vers le nouveau site pour poser la première pierre de l'édifice selon les rites maçonniques.

De façon étonnante, le temple maçonnique fait face au Grand Séminaire de Montréal, ce qui met en vis-à-vis deux entités qui ont, au fil du temps, entretenu des relations conflictuelles, notamment durant une grande partie du XIXe siècle. Mgr Bourget, évêque de Montréal, dénonçait notamment à cette époque cette franc-maçonnerie dont les initiés fomentaient, selon lui, de « noirs complots » contre la religion et l'État.

NORMAN
BETHUNE

LA STATUE DE NORMAN BETHUNE ❸

Place Normand-Bethune
• Métro : Guy-Concordia

*Hommage
à un héros
plus chinois
que canadien*

Dans le petit îlot triangulaire à l'intersection de la rue Guy et du boulevard de Maisonneuve s'élève la statue d'un personnage héroïque resté méconnu du grand public canadien. Ce personnage à la fois médecin, humaniste et visionnaire s'appelle Norman Bethune et s'il est resté dans l'ombre en Amérique, il est devenu un héros en Chine…

Né à Gravenhurst en Ontario au nord de Toronto, le jeune Bethune choisit la carrière médicale. Après le déclenchement de la Première Guerre mondiale, il rejoint en 1915 les brancardiers du corps d'ambulance sur les champs de bataille de Belgique où il est blessé par un obus. De retour au Canada, il termine ses études de médecine et s'enrôle dans la Marine royale en tant que chirurgien. Entre les deux guerres, il vit successivement en Écosse où il se marie puis aux États-Unis où il sera atteint de la tuberculose. C'est dans un sanatorium de New York qu'il prendra conscience des manquements dans le traitement des nombreuses victimes de l'époque. Installé à Montréal et travaillant à l'hôpital Royal Victoria et à l'hôpital Sacré-Cœur, il consacrera ainsi huit ans de sa vie à l'étude de cette terrible maladie. Durant cette période, entre 1928 et 1936, il inventera ou modifiera pas moins de douze instruments chirurgicaux (dont certains sont encore utilisés aujourd'hui) et publiera un grand nombre de travaux innovants en matière de chirurgie thoracique. Convaincu du bien-fondé d'une médecine socialisée, il est admiratif du système de santé soviétique et n'hésite pas à rejoindre en 1935 le parti communiste voulant « faire de ce monde un monde meilleur ». Malheureusement, ses propositions d'un système de soins de santé universel ne recueillent à l'époque que peu de suffrages dans la classe politique. Déçu, Norman Bethune ira tenter d'améliorer ailleurs le sort des plus démunis. Tout d'abord en Espagne au bord de la guerre civile où il monte des unités mobiles de transfusion sanguine, offrant de façon pragmatique une bouteille de vin à chaque donneur de sang ! Puis, revenu un temps à Montréal, il monte une unité mobile canado-américaine qui rejoint en 1938 en Chine l'armée de Mao Zedong alors en guerre contre l'envahisseur japonais. Dans des conditions indicibles, voyageant à dos de mulet, au cœur des montagnes, il suit les troupes et opère, sauvant plusieurs milliers de vies tout en enseignant les rudiments de la médecine à des centaines de disciples. En martyr, il se coupe le doigt en opérant un soldat à mains nues et est emporté par une septicémie le 12 novembre 1939. Presque tous les Chinois connaissent Bethune dont l'histoire est enseignée à l'école. Ainsi, lorsque Montréal décide dans les années 1970 de baptiser une place en son nom, la République populaire de Chine offre à la ville une statue du chirurgien. La place longtemps surnommée par les Montréalais « La place aux pigeons » parce qu'elle les attire en grand nombre pour une raison inconnue a été rénovée en 2008 pour célébrer le soixante-dixième anniversaire du départ en Chine de Norman Bethune. Un hommage tardif à un héros de la Longue Marche.

LA MÉDIATHÈQUE LITTÉRAIRE GAËTAN DOSTIE ❹

1214, rue de la Montagne
• Métro : Peel ou Lucien-L'Allier
• Ouvert du mardi au jeudi de 13 h à 17 h ou sur réservation
• Entrée 10 $
• Tél. 514 861-0880 • info@mlgd.ca

La mémoire
poétique
du Québec

Dans ce quartier dédié aux amateurs de hockey – le centre Bell est à deux pas – et aux noctambules des bars de la rue Crescent toute proche, la création d'un musée dédié à la poésie et à la littérature québécoises dans une belle maison aux volets bleus datant de 1845 est pour le moins originale. Son créateur, le poète, éditeur, vidéaste, producteur et collectionneur Gaëtan Dostie l'est d'ailleurs tout autant.

« C'est le musée d'un missionnaire de la poésie », déclarait Chloé Sainte-Marie, la chanteuse et compagne du défunt cinéaste Gilles Carle. Véritable passionné depuis l'âge de 9 ans alors qu'il collectionnait déjà les imprimés littéraires québécois, Gaëtan Dostie a amassé depuis plus de cinq décennies des documents de la francophonie d'Amérique. Plus de 400 œuvres rares de Nelligan, Miron, Borduas et autres artistes du Québec sont exposées sur les murs des dix salons et nombreux corridors de la médiathèque littéraire. Le poème « Speak White » de Michèle Lalonde, l'exemplaire original n° 15 du manifeste *Refus global* ayant appartenu à Claude Gauvreau ou la toute

première anthologie de poésie du Québec publiée en 1830 figurent parmi les joyaux rassemblés en ces lieux. Le musée compte également plus de 500 heures d'entrevues vidéo tournées avec des écrivains québécois.

La vedette quotidienne de la médiathèque reste néanmoins bel et bien le maître des lieux : il est impossible de résister à l'érudition et à la passion de Gaëtan Dostie qui, la plupart du temps, guide lui-même les visiteurs dans ce temple dédié aux lettres québécoises. Une visite à la fois instructive et originale.

SOIRÉES CHANT ET POÉSIE DANS LE GRAND SALON

Huit fois par an, des soirées chant et poésie sont organisées dans le Grand Salon, avec des invités prestigieux comme Jim Corcoran, Richard Séguin, Luc de la Rochellière, Michel Rivard, ou encore Jean-Paul Daoust et le poète rock urbain Lucien Francœur...

LA MAISON MARTLET ❺

Association des anciens étudiants de l'université McGill
1430, rue Peel
• Métro : Peel

Un manoir écossais pour un producteur de whisky canadien

Le surprenant bâtiment de blocs de calcaire situé au 1430, rue Peel est encore aujourd'hui appelé « le château », un surnom qui date de l'époque où il abritait le siège social de la grande compagnie canadienne de spiritueux Seagram.

Il accueille aujourd'hui l'Association des anciens étudiants de l'université McGill et a été rebaptisé officiellement Martlet House (voir ci-dessous) en 2004.

Construit en 1928, « le château » est l'œuvre de l'architecte David Jerome Spence. À cette époque, La Distillers Corporation Limited fondée par Samuel Bronfman à Montréal vient d'acquérir la distillerie Seagram en Ontario. Les affaires prospèrent en raison de la prohibition qui sévit de l'autre côté de la frontière aux États-Unis. Le siège social de la nouvelle société se doit de refléter son nouvel essor. Samuel Bronfman choisit lui-même l'emplacement du siège social au cœur du luxueux quartier du Mille carré doré. La façade de l'immeuble s'inspire de celle d'un château baronnial écossais du XVIᵉ siècle, pour bien montrer que la compagnie produit de l'excellent whisky,

même au Canada… On y remarque de nombreux détails emblématiques de l'Écosse et notamment le médaillon représentant le grand poète écossais du XVIIIᵉ siècle Robert Burns (également prénommé Rabbie ou Robbie). Celui qu'on appelait le barde de l'Ayrshire possède également sa statue non loin, dans le square Dorchester.

L'université McGill est propriétaire de l'immeuble depuis 2002 grâce à un don de la société Vivendi Universal qui avait hérité de cette propriété en fusionnant avec la compagnie Seagram. L'immeuble de la rue Peel était l'un des deux sièges de Seagram, l'autre étant situé à New York.

Martlet est le nom héraldique anglais d'un oiseau de la famille du martinet. Trois de ces oiseaux figurent sur le blason de la célèbre université anglophone McGill directement inspiré des armoiries du fondateur, James McGill.

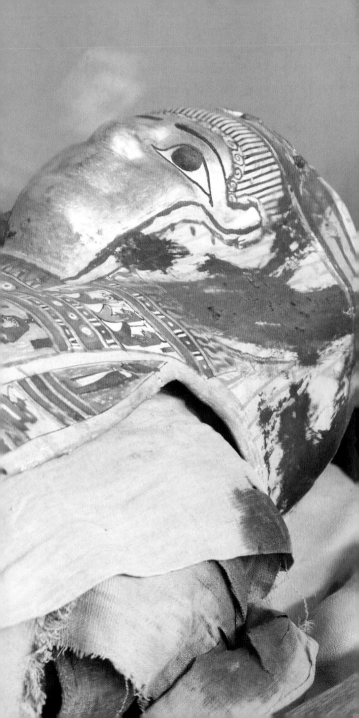

LES MOMIES DU MUSÉE REDPATH ❻

859, rue Sherbrooke Ouest sur le campus de l'université McGill
• Métro : McGill, sortie University
• Ouverture : du lundi au vendredi de 9 h à 17 h, le dimanche de 13 h à
17 h avec ateliers découvertes, fermé les samedis et jours fériés
• Tél. 514 398-4092 et 514 398-4086, poste 00549
• Entrée gratuite, mais contribution suggérée pour le grand public :
étudiants ou enfants 2 $, adultes 5 $

Les vieilles dames de l'université

L
e musée Redpath fait partie de ces endroits privilégiés que l'on aime particulièrement découvrir. Un de ces lieux de culture qui sent bon la cire encaustique et le parfum indéfinissable des choses anciennes.

Rattaché à la faculté des Sciences de la prestigieuse université McGill, il est le plus vieux musée d'histoire naturelle du Canada. Sur trois étages, s'entassent près de trois millions d'objets couvrant les champs de la paléontologie, la géologie, la zoologie, l'ethnologie et la minéralogie.

Le bâtiment du musée est probablement le plus remarquable du campus. Construit grâce à un don de Peter Redpath, industriel ayant fait fortune dans le commerce du sucre, il est l'œuvre des architectes Hutchison et Steele et constitue un exemple remarquable bien que tardif du Greek Revival nord-américain.

Inauguré en 1882 afin de présenter la collection de sir William Dawson, grand naturaliste et recteur de l'université à cette période, il était à l'origine réservé aux étudiants et chercheurs et ne fut ouvert au public qu'en 1952.

Si les pièces les plus spectaculaires du musée sont les célèbres squelettes de dinosaures exposés au centre de la galerie Dawson, restaurée en 2003

(on y est accueilli par un Gorgosaurus libratus mâchoire grande ouverte et à la dentition agressive), d'autres vedettes, plus discrètes, sont à découvrir en montant au dernier étage.

Sur les trois momies rapportées d'Égypte en 1859 par l'homme d'affaires et futur maire de Montréal James Ferrier, seules deux d'entre elles sont exposées, en raison du mauvais état de conservation de la troisième. La plus ancienne est âgée d'environ 3500 ans. Un cercueil couvert de hiéroglyphes, divers animaux momifiés, une sélection de poterie et une réplique de la pierre de rosette qui servit à déchiffrer les hiéroglyphes complètent cette remarquable collection d'antiquités égyptiennes hélas trop méconnue.

LA BOUTEILLE « GUARANTEED PURE MILK » ❼

1025, rue Lucien-L'Allier
• Visible aussi depuis la place du Centenaire du Centre-Bell au milieu des statues des grands joueurs de hockey
• Métro Lucien-l'Allier

La pinte de lait géante

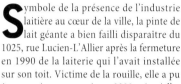

Symbole de la présence de l'industrie laitière au cœur de la ville, la pinte de lait géante a bien failli disparaître du 1025, rue Lucien-L'Allier après la fermeture en 1990 de la laiterie qui l'avait installée sur son toit. Victime de la rouille, elle a pu être sauvée et restaurée en 2009 grâce à l'action d'Héritage Montréal, une association destinée à promouvoir et à protéger le patrimoine architectural, historique, naturel et culturel de Montréal.

Au début du XIXe siècle, les Montréalais achetaient encore leur lait auprès d'artisans qui le distribuaient dans des bidons à l'aide de carrioles. Il faudra attendre 1926 pour qu'une loi, après des cas tragiques d'intoxication, oblige les laiteries industrielles à pasteuriser leurs produits. Fondée en 1900, la « Guaranteed Pure Milk » est la première usine laitière du Québec. En 1930, lors de la construction de sa nouvelle laiterie au 1025 Aqueduct (aujourd'hui rue Lucien-L'Allier), son propriétaire George Hogg souhaite faire un coup publicitaire afin entre autres de redonner confiance dans les produits laitiers affectés par la crise des années précédentes. Plutôt que de construire un banal réservoir pour emmagasiner l'eau du système de protection incendie, il fait construire une énorme bouteille de lait pouvant être vue des lieues à la ronde. Une icône était née.

D'une hauteur de près de dix mètres, la bouteille en acier riveté pèse six tonnes avec sa base et peut contenir jusqu'à 250 000 litres d'eau.

La laiterie Guaranteed Pure Milk and Co, dont la construction débuta en 1930, constitue un bel exemple d'architecture industrielle Art déco. Elle est l'œuvre des architectes Hutchison, Wood et Miller à qui l'on doit d'autres bâtiments marquants dans la ville comme les édifices Shaughnessy Duluth et Canadian Express dans le Vieux-Montréal, le Victoria Hall de Westmount, la bijouterie Birks Square Phillips ou le musée McCord. Depuis sa fermeture, le bâtiment sert de lieu de tournage pour des films qui utilisent son décor intérieur d'époque, certaines parties ayant été conservées comme l'ancien bureau de George Hogg. Il s'intégrera à l'avenir dans le projet des promoteurs de la Cité du commerce électronique qui décidera du sort de l'ancienne laiterie et de sa fameuse pinte de lait.

TO COMMEMORATE THOSE IN THE SERVICE OF
THE CANADIAN PACIFIC RAILWAY COMPANY
WHO AT THE CALL OF KING AND COUNTRY
LEFT ALL THAT WAS DEAR TO THEM ENDURED
HARDSHIP FACED DANGER AND FINALLY PASSED
OUT OF SIGHT OF MEN BY THE PATH OF DUTY
AND SELF SACRIFICE GIVING UP THEIR OWN LIVES
THAT OTHERS MIGHT LIVE IN FREEDOM
LET THOSE WHO COME AFTER SEE TO IT THAT
THEIR NAMES BE NOT FORGOTTEN

LA SALLE DES PAS PERDUS DE LA GARE WINDSOR

1160, avenue des Canadiens-de-Montréal (anciennement rue de la Gauchetière)
• Métros : Bonaventure et Lucien-L'Allier
• Ouverte au public la semaine de 6 h 15 à 21 h 20, le samedi de 8 h 15 à 23 h et le dimanche de 13 h à 21 h

> **Joyau d'une gare patrimoniale**

Avec ses allures de château médiéval, la gare Windsor a de quoi intriguer le visiteur, d'autant plus que, depuis 1991, plus aucun train ne l'emprunte.

Lorsqu'en 1887 la compagnie Canadien Pacifique entreprend la construction d'une nouvelle gare qui lui servira aussi de siège social, l'entreprise est en pleine expansion. Elle vient d'achever la ligne vers l'ouest qui unifie le pays d'un océan à l'autre et elle se lance dans un vaste programme de construction de gares et d'hôtels le long de son réseau. Son siège social se doit de refléter la puissance et la richesse de l'importante société de chemin de fer. C'est à l'architecte américain Bruce Price (concepteur du château Frontenac à Québec) que revient ce travail délicat. Il devra soumettre quatre versions de son projet avant de satisfaire les exigences du président de Canadien Pacifique, William Van Horne.

Le bâtiment d'inspiration romane-médiévale est construit dans le style Richardson alors très en vogue en Amérique du Nord et caractérisé par l'utilisation de pierres massives et d'arches semi-circulaires qui donnent un côté dramatique à la façade. La gare principale de Montréal est agrandie en 1900 et 1909 puis une impressionnante tour est ajoutée en 1914. C'est à cette époque aussi qu'est édifiée la vaste et moderne salle des pas perdus, longue cathédrale de verre et de métal.

Lieu de mémoire, ce hall de gare verra passer les nombreux immigrants en route pour l'Ontario ou les Prairies canadiennes puis, plus tard, des milliers de soldats des deux guerres mondiales. Inauguré en 1922, un monument intitulé l'*Ange de la Victoire* du sculpteur montréalais Cœur-de-Lion McCarthy orne toujours la grande salle. Il est dédié à la mémoire des employés du Canadien Pacifique morts au combat.

Dans les années 1960, la gare Windsor va perdre de son importance. En 1981, le dernier train interurbain quitte la gare, dix ans plus tard c'est au tour des trains de banlieue de disparaître et, en 1996, le siège social de la compagnie déménage à Calgary. Classée lieu historique national canadien en 1975, gare ferroviaire patrimoniale en 1990 et monument historique du Québec en 2009, la gare Windsor a même failli un temps disparaître pour faire place à des tours de bureaux. Séparée de ses voies de chemin de fer en raison de la construction du centre Bell tout proche, elle est aujourd'hui une gare fantôme ce qui lui confère un charme tout particulier. Elle ne sert plus guère que de moyen d'accès entre la nouvelle gare de banlieue Lucien-L'Allier et le métro du même nom et accueille également des événements comme des soirées de gala.

LA BOUCHE DE MÉTRO SQUARE-VICTORIA

601, rue Saint-Antoine Ouest

En 1966, la Régie autonome des transports parisiens (RATP) prêtait au tout nouveau métro de Montréal un des fameux édicules d'Hector Guimard datant des débuts du métro de Paris. Un prêt dont la durée, comme l'atteste une correspondance de l'époque : « devait se perdre dans la nuit des temps… »

Comme à Paris !

L'entourage de style Art nouveau fut installé à la station Victoria en 1967. Il commémorait l'alliance entre les Français et les Québécois lors de la construction du métro. Hélas, en raison de codes de construction différents, l'accès montréalais plus large qu'en France ne permettait pas d'installer la partie si caractéristique au-dessus de l'escalier portant l'enseigne « Métropolitain ». On se contenta donc à l'époque d'un édicule tronqué. Plus tard, l'œuvre fut endommagée et l'on vola même un des écussons fixés à sa base.

Une cure de jouvence s'imposait. Ce fut chose faite entre 2001 et 2002 quand la STM (Société des transports de Montréal), et les experts de la RATP française s'associèrent à nouveau pour lui apporter une minutieuse rénovation. On en profita pour rétrécir l'entrée qui permit l'ajout de l'enseigne « Métropolitain » et remplacer les éléments manquants. L'intérieur des murs de l'escalier fut même recouvert de véritables carreaux blancs biseautés caractéristiques du métro parisien. Durant cette restauration, on découvrit que le « Guimard » de Montréal avait toujours ses globes originaux en verre, les derniers subsistant au monde, puisque Paris avait déjà remplacé les siens avec des globes en plastique pour des raisons de sécurité. En guise de reconnaissance, un des globes fut offert à la RATP et l'autre au Musée des beaux-arts de Montréal.

LE SEUL ORIGINAL

Ces dernières années, plusieurs autres entourages de style Guimard ont été offerts aux métros de Lisbonne, Mexico, Chicago et dernièrement Moscou, mais il s'agit de copies et seul le métro de Montréal peut s'enorgueillir de posséder un original.

RAOUL WALLENBERG
1912 ~ ?

In wartime Budapest in 1944, this Christian Swedish diplomat, through his
humanity, great courage and imagination, rescued tens of thousands of
Hungarian Jews and others from untold death in the Holocaust.
He is an example of the capacity of one person's actions to overcome evil.

Come the news of the brutal Nazi conquers and their cohorts, Wallenberg
established safe houses under the Swedish flag and issued many thousands of
Swedish "safe passes", thus affording shelter, food, and protection to those who
would have otherwise surely perished.

Arrested and imprisoned by the Soviet authorities in January 1945,
he was never released and his fate remains unknown.
He was made an Honorary Citizen of Canada in 1985.
" Whoever saves one life, it is as if they have saved the entire world." - Talmud

En guerre à Budapest pendant la guerre, en 1944 ce diplomate suédois
chrétien à signe des milliers de militaires de Suéde purpris et a
sauvés d'un extermination certaine Des. Il fut un exemple du succès à un
honnête. son courage et à sa compassion. Des gens reflètent
qu'un être humain peut à lui seul, triompher du mal.

Face à la brutalité des occupants nazis et de leurs complices,
Wallenberg installa les maisons protégées sous couvert
du drapeau suédois et créa des milliers de «laissez-passer suédois»
accordant de la protection et des vivres pour sauver ceux
innombrables personnes qui auraient certainement péri.
Wallenberg, emprisonné et protégé.

Arrêté et incarcéré par les autorités soviétiques le
se vit jamais libéré et son destin reste inconnu.
Citoyen d'Honneur du Canada en 1985.

LA PLACE RAOUL-WALLENBERG

Derrière l'église anglicane Christ Church entre l'avenue Union et la rue University
• Métro : McGill

> **En mémoire de « l'Ange de Budapest »**

C'est une jolie petite place ombragée, fleurie et verdoyante juste à l'arrière de la cathédrale anglicane Christ Church et du brouhaha de l'animée rue Sainte-Catherine. Faute de la connaître, les touristes ne s'y aventurent pas et elle est surtout fréquentée par le personnel des nombreux bureaux avoisinants. C'est ici que les Montréalais ont décidé de rendre hommage à un personnage qui a marqué l'histoire de l'humanité : Raoul Wallenberg, l'Ange de Budapest.

Son histoire n'est pas banale. Né près de Stockholm en 1912 d'une famille riche, il poursuit des études d'architecture aux États-Unis, puis devient homme d'affaires et voyage beaucoup. En pleine Seconde Guerre mondiale, il est choisi en 1944 par le War Refugee Board américain pour organiser le programme de sauvetage des Juifs de Budapest. Entre juillet 1944 et janvier 1945, Raoul Wallenberg porte secours à des dizaines de milliers de Juifs d'origine hongroise en les aidant à fuir Budapest, alors sous occupation nazie. À titre de premier secrétaire de la légation suédoise à Budapest, il accélère la délivrance de « passeports » (en fait un simple bout de papier orné des trois couronnes emblème de la Suède) aux Juifs qui se font ainsi passer pour des ressortissants étrangers et sont hébergés dans des immeubles acquis au nom de la Suède. Ingénieux, méthodique, Raoul Wallenberg, grâce à d'intenses négociations, sauve ainsi des griffes des nazis jusqu'à 100 000 personnes selon certaines estimations. Il disparaît dans des circonstances encore mystérieuses après avoir été capturé par les troupes soviétiques, probablement accusé d'espionnage. Endroit idéal pour une pause, la place Raoul-Wallenberg est aussi un lieu d'inspiration et de mémoire de l'histoire contemporaine. L'Ange de Budapest est devenu un « juste parmi les nations » dès la mise en place en 1963 de cette distinction décernée par le Mémorial Yad Vashem en Israël aux non-Juifs qui, pendant la Shoah, ont aidé des Juifs au risque de leur propre vie.

LA SCULPTURE *LE ROI SINGE DE CHINATOWN* ⑪

Rue Saint-Urbain au croisement avec la rue de La Gauchetière
• Métro Place-d'Armes

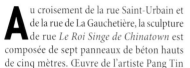

*Une
légende
chinoise*

Au croisement de la rue Saint-Urbain et de la rue de La Gauchetière, la sculpture de rue *Le Roi Singe de Chinatown* est composée de sept panneaux de béton hauts de cinq mètres. Œuvre de l'artiste Pang Tin Neon, elle représente l'histoire du Roi Singe qui, selon une légende chinoise, devint le roi des animaux grâce à son caractère astucieux.

Dans le bas de la composition, un roi sur son cheval est suivi par son valet qui transporte les bagages. Au centre, un cochon sur un nuage porte des habits d'agriculteur et tient un râteau. Dans la partie supérieure, sur un autre nuage, se tient un singe portant un costume d'arts martiaux et tenant un bâton dans ses mains tout en prenant la position du pélican. Dans le coin supérieur gauche, un palais est déposé sur un nuage.

De l'autre coté de la rue de La Gauchetière, toujours sur la rue Saint-Urbain, un bas-relief d'Andrew lui représente des musiciens en marche vers

le paradis. Ces deux œuvres ont été érigées en 1984 et 1986 à l'entrée du quartier chinois de Montréal, quadrilatère situé entre la rue Viger, la rue Saint-Urbain, le boulevard René-Lévesque et le boulevard Saint-Laurent.

Malgré l'arrivée de nombreux Chinois au Canada au milieu du XIXe siècle pour travailler à la construction du chemin de fer dans l'Ouest, ce n'est qu'en 1902 que ce quartier du centre-ville autrefois appelé le « Petit Dublin » devient le quartier chinois de Montréal. La petite communauté asiatique ouvrit tout d'abord des blanchisseries puis des restaurants, des cafés et d'autres commerces. Aujourd'hui, s'étant éparpillés dans la ville et en banlieue, la grande majorité des Chinois de Montréal n'habitent plus ce quartier et le Chinatown montréalais est devenu une belle « vitrine » touristique.

Escorte de la Cavalerie Police de Montréal en 1920

UNIFORME DE FACTIONNAIRE
POLICE DE MONTRÉAL

CIRCA 1918 - 1920

LE MUSÉE DE LA SPVM

1441, rue Saint-Urbain
- Visites sur rendez-vous uniquement le mardi et le jeudi entre 9 h à 12 h
- Tél. 514 280-2043
- Métro : Place-des-Arts ou Saint-Laurent

Histoires de police

C'est un musée peu ordinaire situé dans le secteur des spectacles, au coeur du quartier général des services de police de la ville, au 1441, rue Saint-Urbain. Il faut donc montrer patte blanche à l'entrée, passer sous le détecteur de métaux et laisser son identité pour avoir le droit d'y entrer. Des précautions logiques, car les visiteurs vont arpenter les neuf étages du bâtiment, accompagnés bien sûr d'un guide.

Le musée de la police a été créé en 1992 par une poignée de bénévoles pour la plupart policiers ou retraités de la SPVM (Service de police de la Ville de Montréal). Il se consacre à l'histoire des agents depuis la création du service en 1843 jusqu'à nos jours.

À sa naissance, le premier corps policier ne comptait que 51 membres et il faudra attendre 1848 pour qu'ils portent un uniforme, et 1853 pour qu'ils obtiennent le droit de porter une arme à feu.

La visite commence au rez-de-chaussée par l'émouvante allée des Braves, une galerie de photos en hommage aux policiers morts en fonction. Le boulevard des Héros est lui dédié aux membres décorés en raison d'une action d'éclat comme ce démineur qui désamorçait les bombes de la crise politique d'octobre 1970. Au fil des étages, des vitrines ont été installées à la sortie des ascenseurs. On y trouve des dizaines d'objets qui vous plongeront dans l'univers du travail policier avec des thèmes variés : la technologie, les méthodes de travail, les moyens de transport, l'armement, les uniformes… Tous ces objets, machines, photos, documents d'époque participent de la mémoire collective.

Saviez-vous par exemple que dans les années 1940 des policiers patrouillaient à ski le boulevard Pie-IX et l'avenue du Mont-Royal, que des agents en patin à glace ont surveillé les parcs de la métropole jusqu'en 1967 alors que les agents en moto ne sont apparus eux qu'en 1970 ? Autant d'histoires de police et de policiers commentées avec passion par les guides bénévoles.

L'ÉCONOMUSÉE DE LA LUTHERIE

Les ateliers du luthier Jules Saint-Michel
57, rue Ontario Ouest
• Tél. 514 288-4343 • info@luthiersaintmichel.com
• Métro : Saint-Laurent
• Ouvert du lundi au vendredi de 14 h à 17 h
• Visite individuelle 8 $, visites pour les groupes sur réservation

« Il chantera toute une vie... et même plus »

De quoi est fait l'instrument à cordes ? Comment fabrique-t-on un archet ? Qui furent les grands luthiers de l'Histoire ? Le Québec a-t-il joué un rôle dans la lutherie ? Autant de questions parmi des centaines dont les réponses vous seront données au 57, de la rue Ontario Ouest chez le luthier Jules Saint-Michel. Située en périphérie de la place des Arts et de ses grandes salles de spectacle, l'Économusée de la lutherie offre une immersion dans le monde fascinant du violon et des instruments à cordes. On y découvre des ateliers de restauration où s'affairent d'habiles artisans, un petit musée d'instruments anciens et contemporains, un centre de documentation et bien sûr une boutique qui s'enorgueillit d'être le principal fournisseur des écoles de musique de Montréal.

N'est pas luthier qui veut. Au départ, il faut aimer le bois et la musique, être persévérant et habile de ses mains, avoir une bonne oreille et le compas dans l'œil et enfin savoir jouer du violon ce qui n'est pas la plus mince de ces qualités.

Les visites guidées par le maître des lieux sont réellement passionnantes.

Né en Hongrie en 1934, Jules Saint-Michel, de son vrai nom Gyula Szentmihaly, choisit de fuir son pays en 1954 après l'invasion des troupes soviétiques venues mater la révolution hongroise. Après un passage de quelques années à Paris où il poursuit ses études à la Sorbonne, il

émigre à la fin des années 1950 au Canada et s'installe à Montréal où il perfectionnera son étude de la lutherie. D'abord apprenti du luthier montréalais Antoine Robichaud dont il prendra la succession dans l'atelier de la rue Saint-Denis, il déménage en 1972 sa boutique dans la rue Ontario. Il y est accompagné aujourd'hui d'une équipe d'une dizaine d'employés, dont sa fille Lilli, son fils Claude et son petit-fils Olivier. Trois générations de Saint-Michel travaillent ainsi sous le même toit au service d'une passion commune pour cet instrument dont la forme n'a pas changé depuis quatre cent cinquante ans et dont Antoine Robichaud disait avec humour que, bien entretenu, il « chantera toute une vie… et même plus ».

L'ÉDIFICE GODIN

2110-2112, boulevard Saint-Laurent
• Métro : St-Laurent

> *Le premier immeuble en béton armé d'Amérique du Nord*

Construit en 1914 dans un esprit novateur, à l'image de son concepteur et premier propriétaire l'architecte Joseph-Arthur Godin, cet immeuble de logements fut le premier bâti en béton armé en Amérique du Nord. Auparavant, seuls des édifices d'ingénierie (pont, tunnel, aqueduc…) utilisaient cette technique.

Le style Art nouveau de l'édifice est évident : l'ondulation des façades, les arabesques des balustrades et les balcons en demi-lune sont délibérément inspirés du courant qui fut en vogue dans l'Europe du début du XXᵉ siècle. Le côté parisien des balustrades de métal en fer forgé ouvragé et l'escalier central en colimaçon, typique du style français du Second Empire, parachèvent cette impression. Le dénuement des façades, la géométrie pure des ouvertures, l'absence d'ornements et de corniches préfigurent en revanche l'architecture dite moderne qui se développera dès 1919 avec la création de l'école du Bauhaus.

Lorsqu'il en entreprend la construction, Godin est le seul propriétaire. Il ne le restera pas longtemps puisque son cabinet déclare faillite alors que l'intérieur de l'immeuble n'est pas encore terminé. Saisi, l'édifice devient la propriété de la Banque de Montréal en 1915 qui l'utilise comme entrepôt. Plusieurs acquéreurs se succèdent : l'immeuble Art nouveau servira de fabrique de vêtements et, après la Seconde Guerre mondiale, d'immeuble de bureaux. À partir de 1967, des commerces, des ateliers et des lofts y cohabitent. Durant toutes ces années, seul l'intérieur du bâtiment aura fait l'objet de modifications. En 1990, le gouvernement du Québec décide finalement de classer l'édifice Godin monument historique. En 2003-2004 il est transformé en complexe hôtelier sous la direction de l'architecte Dan Hanganu et un nouveau bâtiment est construit. Sa façade anthracite épurée intègre de façon harmonieuse la partie historique provoquant ainsi un contraste noir-blanc intéressant. L'hôtel prend le nom d'hôtel Godin en référence à son premier propriétaire. En 2007, il change de propriétaire et devient l'hôtel Opus.

HENRI HENRI CHAPELIER

189, rue Sainte-Catherine Est
Tél. 514 288-0109 ou le 1 888 388 0109
• Métro : Berri-Uqam ou Saint-Laurent
• Ouvert du lundi au jeudi de 10 h à 18 h, vendredi de 10 h à 21 h, samedi et dimanche de 10 h à 17 h

Le tour du chapeau !

Au coin des rues Sainte-Catherine Est et Hôtel-de-Ville, la chapellerie Henri Henri est une véritable institution montréalaise et un vrai voyage dans les années 1930. Fondée en 1932 par Honorius Henri (d'où le nom de la boutique) et Jean-Maurice Lefebvre, ce commerce est toujours resté une affaire familiale et il est géré encore aujourd'hui par Jean-Marc Levebvre, petit-fils du cofondateur.

C'est son attachement au sport et principalement au hockey qui a rendu la boutique célèbre.

Au Québec, on dit d'un joueur qui marque trois buts au cours d'une même partie qu'il fait le tour du chapeau (traduction du hat-trick britannique). Dans les années 1950 et 1960, Henri Henri avait pris l'expression au pied de la lettre en offrant gratuitement un chapeau à tout joueur réalisant un hat-trick au Forum de Montréal. Le célèbre champion Maurice Richard les collectionnait…

Aujourd'hui, la maison ne distribue plus de chapeau aux vedettes du hockey, mais la clientèle comporte toujours son lot de célébrités : Robert de Niro, Bruce Willis et John Travolta ont été clients lors de leur passage à Montréal ainsi qu'avant eux Marlon Brando et les caïds de la mafia montréalaise.

En entrant chez Henri Henri, impossible de ne pas couvrir sa tête avec bonheur. Toutes les grandes marques sont représentées : Stetson, Biltmore, Borsalino, Mayser et Kango, le tout dans un vaste éventail de tailles. Pour un chapeau de feutre les prix peuvent varier de 60 $ à 750 $ selon la qualité. On trouve aussi des casquettes, la classique, la gavroche, la bretonne, la News

Boy, la baseball. Sans oublier les accessoires compléments indispensables pour parfaire son allure : foulards, gants, cannes, parapluies, cravates, boutons de manchette, porte-monnaie… La boutique assure également l'entretien et son sous-sol regorge d'outils d'un autre âge et d'une grande rareté : formes en bois, moules, étranges machines à vapeur, de quoi offrir une seconde vie à vos couvre-chefs vieillissants.

LE BUSTE DE LOUIS-JOSEPH PAPINEAU

Immeuble « Le franco-américain »
1242, rue Saint-Denis
• Métro : Berri-UQAM

Si on remarque parfois l'ensemble de sculptures dominant la porte d'entrée de cet immeuble du 1242 de la rue Saint-Denis, on reconnaît beaucoup moins souvent, à l'arrière de l'ensemble sculpté, sur le côté gauche, la tête d'un personnage célèbre. Il s'agit en fait de Louis-Joseph Papineau, le héros de la rébellion des Patriotes.

La tête cachée du héros de la rébellion des Patriotes

Mais que fait cette figure sur la façade décrépie d'un immeuble de logements situé juste en face d'un pavillon de l'UQAM ?

Lors de sa construction en 1871, cet immeuble était la maison de l'architecte et peintre Napoléon Bourassa, le gendre du célèbre Papineau, époux de sa fille Azélie et père d'Henri Bourassa, le fondateur du journal *Le Devoir* qui passera son enfance dans cette maison.

Les sculptures ont été dessinées par Napoléon Bourassa lui-même, mais la réalisation en a été confiée à Louis-Philippe Hébert, qui était alors le jeune apprenti de Bourassa et est aujourd'hui considéré comme un des plus grands sculpteurs canadiens de l'époque. L'ensemble représente deux muses, celles de la sculpture et de la peinture, entourant un buste de femme. Le profil sculpté de Papineau se cache au second plan.

Une figure d'homme âgé surplombe le tout : il pourrait s'agir du célèbre peintre et sculpteur italien Léonard de Vinci. On trouve également sur la façade au-dessus des fenêtres les lettres B et P en lettres stylisées rappelant les deux familles Bourassa et Papineau.

Près de cent cinquante ans après sa construction, l'ancienne résidence des Bourassa paraît aujourd'hui bien mal en point. L'immeuble est tombé dans l'oubli et avec lui la tête de l'illustre personnage historique canadien.

LA STATUE D'EMILIE GAMELIN

Place Émilie-Gamelin
Dans le hall de l'édicule de la station de métro Berri-UQAM situé au nord-est de la rue Sainte-Catherine

La petite sœur des pauvres

On ne remarque pas toujours, à l'entrée de la station de métro Berri-UQAM, une imposante statue en bronze haute de 1,90 m. Celle-ci rend hommage à mère Émilie Gamelin, l'une des femmes les plus remarquables de l'histoire de Montréal.

Surnommée « la Providence des pauvres » et « l'Ange des prisonniers », madame Émilie Tavernier-Gamelin (1800-1851), devenue mère Gamelin, fonde en 1843 la Communauté des sœurs de la Providence. Veuve à 27 ans et en deuil de ses trois enfants décédés en bas âge, femme active et de caractère, elle combattra en faveur des plus démunis et viendra en aide aux nombreuses victimes des maladies infectieuses qui font des ravages à cette période. En 1843, elle transforme une maison de la rue Sainte-Catherine en hospice, l'asile de la Providence, à l'endroit même où est située aujourd'hui la place qui porte son nom.

La statue représente la célèbre sœur montréalaise en pleine action, vêtue du costume de sa communauté. Son sourire évoque la sympathie et l'ouverture vers autrui et elle porte à son bras un panier de victuailles destiné à soulager la faim des oubliés de son époque.

Très dynamique, la statue est placée non pas sur un piédestal mais sur un pan incliné, comme l'a voulu son créateur l'artiste Raoul Hunter : la statue donne ainsi l'impression d'avancer vers les passants. Certains n'hésitent pas d'ailleurs à serrer sa main comme en témoigne l'usure du métal au niveau de la paume.

La statue créée en 2009 a été offerte par la congrégation des Sœurs de la Providence à la mairie de Montréal à l'occasion du bicentenaire de la naissance de sa fondatrice en 2000. Pour la petite histoire, elle devait être placée à l'extérieur, sur la place, mais l'image réaliste de la bienfaitrice s'harmonisait peu avec l'ensemble de sculptures modernes de Melvin Charney. Elle fut donc installée à l'entrée du métro. C'est l'une des deux seules statues figuratives sur l'ensemble du réseau de transport souterrain, l'autre étant celle de Jacques Cartier à la station Saint-Henri.

UNE ŒUVRE SOUVENT INCOMPRISE

Place Émilie-Gamelin, l'œuvre de Melvin Charney *Gratte-ciel, cascades d'eau, rues, ruisseaux... une construction*, installée en 1992 à l'occasion du 350e anniversaire de Montréal, est parfois difficile à comprendre. Elle évoque la ville et ses gratte-ciel au pied du mont Royal dont les eaux souterraines s'écoulent vers le fleuve Saint-Laurent.

LA PLAQUE DES 25 ANS DU MÉTRO MONTRÉALAIS

Station de métro Berri-UQAM

Le trésor caché de la STM

Près de 200 000 personnes empruntent par semaine la station de métro Berri-UQAM, près de 13 millions passent ses tourniquets chaque année. Pris dans la routine quotidienne, peu de passagers remarquent une curieuse plaque de bronze fixée pourtant à hauteur d'homme sur un des murs de céramique rouge. Encore moins savent que derrière cette plaque se cache un mini-musée. En effet, en 1991, pour fêter les 25 ans du métro, 25 employés de la STM déposent 25 objets symboliques dans une boîte en acier qui sera ensuite scellée dans le béton. Cette capsule temporelle ne sera ouverte que le 14 octobre 2016 pour les 50 ans du métro. Parmi les objets de ce petit « trésor » figurent une carte mensuelle à 38 $, un billet à l'unité à 1,50 $, un billet de correspondance, une liste d'employés en poste de l'époque, le programme d'accès à l'égalité de l'emploi, une cravate d'opérateur…Une bonne façon de se rendre compte de l'inflation et de voir si les cravates du début des années 1990 sont encore à la mode 25 ans après…

POURQUOI N'Y A-T-IL PAS DE LIGNE N° 3 ?

Le réseau compte 68 stations et 4 lignes numérotées de 1 à... 5 : la ligne 3 qui devait emprunter les voies de chemin de fer et le tunnel sous le Mont-Royal pour se rendre à Cartierville n'a jamais été mise en service. En raison de l'Exposition universelle de 1967, on lui a préféré la ligne 4 (jaune) en direction des deux îles Sainte-Hélène et Notre-Dame et de la rive sud.

LE MÉTRO MONTRÉALAIS : LE PREMIER CLIENT D'HYDRO QUÉBEC !

1 800 000 $: telle est la facture annuelle en électricité du métro qui de ce fait est le 1er client d'Hydro Québec, une consommation qui pourrait alimenter 10 500 foyers.

AUTRES FAITS ÉTONNANTS DU MÉTRO DE MONTRÉAL

La vitesse maximale d'une rame de métro est de 72 km/h.

98 % des passagers arrivent à destination à l'heure ou avec un maximum de 5 min de retard. Mauvais alibi donc pour ceux qui arrivent en retard au bureau.

Seulement deux fois dans son existence, le métro a dû rouler toute la nuit. La première le 3 mars 1971 en raison de la tempête de neige du siècle. La seconde le 31 décembre 1999 lors du passage à l'an 2000.

100 $ D'AMENDE SI VOUS NE METTEZ PAS VOTRE MAIN SUR LA RAMPE D'UN ESCALIER ROULANT

Même avec un billet en règle, on peut théoriquement recevoir une amende : des amendes de 100 $ peuvent être données pour « désobéissance à une directive ou un pictogramme » comme transporter un objet dangereux ou ne pas mettre sa main sur la rampe sur un escalier roulant.

UNE ODEUR DE CACAHUÈTE ?

Des freins mécaniques relaient les freins électriques dans les derniers 20 mètres de parcours des rames. Ils sont destinés à rendre le freinage plus agréable pour les usagers. Ils sont formés de sabots de bois de merisier enduits d'huile d'arachide, ce qui crée l'odeur particulière perçue lors de freinages à grande vitesse.

LE PREMIER MÉTRO AU MONDE À ROULER ENTIÈREMENT SUR PNEUS

Le métro de Montréal a été le premier au monde à rouler entièrement sur pneus (soufflés à l'azote, avec valve). Cette technique facilite la montée des pentes, les démarrages et les freinages et réduit le bruit et les vibrations transmises aux édifices avoisinants.

LA PEINTURE MURALE DU *REFUS GLOBAL*

Place Paul-Émile-Borduas
Quartier Latin, entre la grande bibliothèque et la rue Saint-Denis
• Métro : Berri-UQAM

Un
hommage
à Borduas

L
a métropole s'est enrichie ces dernières
années de nombreuses peintures
murales dans plusieurs quartiers. Peu
d'entre elles, toutefois, ont une histoire à la
fois historique et politique comme celle de la
place Paul-Émile-Borduas.

Inaugurée à l'occasion du 50ᵉ anniversaire de la mort du peintre Paul-Émile
Borduas en 2010, cette peinture s'inspire du célèbre manifeste du *Refus global.*

Créée par le graphiste Thomas Csano et le calligraphe Luc Saucier, la
peinture murale reprend des éléments visuels de six tableaux de Borduas.
On y retrouve également des extraits tirés du *Refus global* ainsi que d'autres
écrits de Borduas. En grosses lettres verticales, le mot MANIFESTE utilisant
la même typographie que celle du texte d'origine occupe la partie gauche
de l'œuvre. Des oiseaux rouges se détachant d'un essaim figurant le peuple
évoquent les signataires du *Refus*. Et dans le bas, un code-barres illustre le
conformisme de la société de consommation et la critique de son « esprit
utilitaire ».

QU'EST-CE QUE LE *REFUS GLOBAL* ?

Dans les années 1940, la liberté d'expression des artistes québécois est
paralysée par le régime autoritaire du Premier ministre Maurice Duplessis
et la forte influence de l'Église catholique. C'est l'époque de la « Grande
Noirceur ». En 1948, le peintre et écrivain Paul-Émile Borduas rédige
avec 15 artistes membres du mouvement AUTOMATISTE un manifeste
qui remet en question les valeurs traditionnelles et rejette l'immobilisme
de la société québécoise. Le *Refus global* qui comprend neuf textes et
plusieurs illustrations est publié à 400 exemplaires et fait l'effet d'une
bombe. On peut y lire une description sans complaisance de la société de
l'époque : « Un petit peuple serré de près aux soutanes restées les seules
dépositaires de la foi, du savoir, de la vérité et de la richesse nationale.
Tenu à l'écart de l'évolution universelle de la pensée pleine de risques et
de dangers, éduqué sans mauvaise volonté, mais sans contrôle, dans le
faux jugement des grands faits de l'Histoire quand l'ignorance complète
est impraticable ».

Journaux, revues et hommes d'Église rejetteront le texte et il faudra
attendre la mort de Duplessis en 1959 pour que la province fasse entre
1960 et 1966 sa Révolution tranquille.

VIEUX-MONTRÉAL, LES ÎLES

LES GÉANTES DU CENTRE D'ARCHIVES DE MONTRÉAL ❶

Édifice Gilles-Hocquart
535, avenue Viger Est
• Ouvert le mardi de 9 h à 17 h, mercredi, jeudi et vendredi de 9 h à 21 h ;
samedi et dimanche de 9 h à 17 h. Fermé le lundi
• Tél. 514 873-1100 et 1 800 363-9028 (depuis le Québec)

Les piliers économiques du début du xxe siècle

Fières, majestueuses depuis leurs 5 mètres ou presque de haut, les « Géantes » semblent prendre une retraite bien méritée dans le corridor de verre et de pierre de l'ancienne École des hautes études commerciales (HEC).

Créées en 1907 par le sculpteur américain Henry Augustus Lukeman pour orner la façade de la Banque Royale du Canada, ces statues représentaient alors l'apport de la grande banque aux quatre piliers économiques du début du xxe siècle : le transport, la pêche, l'industrie et l'agriculture. Chacune d'entre elles portait un symbole de ces activités : une locomotive, un chalutier et un poisson, une burette d'huile (ou une lampe selon les témoignages de l'époque), une gerbe de blé et une feuille d'érable.

En 1908, la Banque Royale installa son siège social au 147 St-James Street qui devient plus tard le 221, rue Saint-Jacques. Les « Géantes » trônèrent pendant huit décennies au-dessus des quatre colonnes ioniques du

bâtiment. Le temps et les intempéries ayant fait leur œuvre, il fallut les retirer en 1991 lors de la rénovation de la façade. Dans le déménagement, la statue du transport perdit une main. Les groupes de sauvegarde du patrimoine s'inquiétèrent alors de les voir mises en vente sur le marché de l'art. Reconnues comme étant un bien culturel par le ministère de la Culture du Québec, elles furent finalement acquises par la famille Desmarais (la première fortune du Québec) qui les restaura et en fit don en 1999 aux Archives nationales de la province. Elles sont depuis logées dans le magnifique bâtiment de style beaux-arts de l'ancienne HEC.

Entièrement rénové par le cabinet d'architecture Dan S. Hanganu, l'édifice Gilles-Hocquart accueille désormais le Centre d'archives de Montréal (visites guidées : animation.cam@banq.qc.ca ou Tél. 514 873-4300).

LES VESTIGES DES ANCIENNES FORTIFICATIONS

Lorsqu'on se promène dans les rues du Vieux-Montréal, il est difficile d'imaginer que la ville fut un temps fortifiée. Pourtant, il existe encore plusieurs traces de ces fortifications.

Les murailles de bois de la première ville furent transformées au XVIIIe siècle en un haut rempart de pierre atteignant parfois 6 mètres de haut sur une longueur de 3,5 km. Augmentées de bastions et de courtines, les fortifications de Montréal formaient alors quatorze fronts défensifs comprenant huit portes et huit poternes. Des fouilles archéologiques récentes ont pu mettre au jour quelques vestiges et il est possible de suivre le contour des anciennes murailles le long d'un circuit du Montréal fortifié (voir carte).

L'endroit le plus spectaculaire est sans doute le **parc du Champ-de-Mars**, le seul espace public qui permet de découvrir *in situ* un front complet de l'enceinte érigée entre 1717 et 1744 selon les principes de Vauban développés par l'ingénieur en chef du roi en Nouvelle-France Gaspard-Joseph Chaussegros de Léry. Des pièces de métal ancrées dans la pierre et reliées au système de fixation des portes ont même été retrouvées dans deux anciennes poternes. D'autres traces de fortifications sont visibles dans la **crypte archéologique du musée d'histoire et d'archéologie de Pointe-à-Callière**.

Aidé d'une carte, on peut également suivre les nombreux **marquages au sol** qui ont été dessinés dans le Vieux-Montréal. On signale au moyen de dalles de granit la présence de l'ancienne muraille et des principaux bâtiments de la même époque. Places, rues et trottoirs deviennent aussi un jeu de piste à remonter l'histoire. Parmi les lieux les plus emblématiques, on trouve d'est en ouest la **rue de la Commune** avec son ancien quartier militaire et la « canoterie » du roi affectée à la construction d'embarcations, la **place Jacques-Cartier** bastion du gouvernement et de la résidence du gouverneur Vaudreuil, la **place Royale**, première place publique de la ville et l'ancien hôpital général dont on retrouve des traces **rue Saint-Pierre** devant la maison de mère d'Youville (voir page 77).

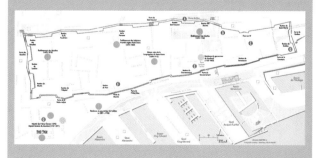

L'ORIENTATION DE LA COLONNE NELSON ❸

Place Jacques-Cartier
• Métro : Champ-de-Mars

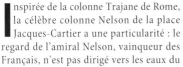

*Un amiral
qui a le mal
de mer ?*

Inspirée de la colonne Trajane de Rome, la célèbre colonne Nelson de la place Jacques-Cartier a une particularité : le regard de l'amiral Nelson, vainqueur des Français, n'est pas dirigé vers les eaux du fleuve Saint-Laurent, comme on aurait pu l'imaginer pour un marin, mais vers les grandes institutions civiles et militaires de la ville de l'époque : la prison et le corps de garde, le palais de justice et le champ de parade militaire. Ce curieux choix a également réitéré à Londres, où la statue tourne le dos à la Tamise. Une explication serait que l'amiral, bien que grand stratège de la Marine, ait souffert toute sa vie du mal de mer !

LA COLONNE NELSON, UN AFFRONT À LA COMMUNAUTÉ FRANCOPHONE ?

Dès son installation, la colonne Nelson, monument à la gloire de l'amiral anglais, souleva de l'animosité dans la communauté francophone qui y vit un symbole de la domination britannique. Comme pour faire contrepoids, une statue de Jean Vauquelin, officier de marine français ayant participé à la défense de la ville de Québec au XVIIIe siècle, est érigée de l'autre côté de la rue Notre-Dame entre l'actuel hôtel de ville et l'ancien palais de justice. Vauquelin fait ainsi face à Nelson, les deux hommes se défiant du regard dans une lutte symbolique.

La statue de Nelson qui se trouve actuellement sur la place Jacques-Cartier n'est pas celle d'origine. Jugeant son état précaire, la ville de Montréal a décidé de la remplacer en 1999 par une copie en pierre de l'Indiana, un matériau choisi pour sa couleur chamois, proche de la pierre Coade originale. La statue originale, elle, est conservée au Centre d'Histoire de Montréal, place d'Youville.

LE JARDIN DU GOUVERNEUR ❹

Château Ramezay – Musée et site historique
280, rue Notre-Dame Est
• Métro : Champ-de-Mars
• Tél. 514 861-3708 • Accès gratuit

Immersion en Nouvelle-France

Un jour de visite dans le Vieux-Montréal, si l'envie de fuir la foule massée sur la place Jacques-Cartier vous prend, la solution se trouve à deux pas, au 280, rue Notre-Dame Est.

À l'arrière du château Ramezay qui fait face à l'hôtel de ville, se trouve un petit jardin à la française accessible en tout temps par la petite partie de la rue Le-Royer à l'est de la place Cartier.

Ce havre de paix, appelé jardin du musée Ramezay ou encore jardin du Gouverneur, a été recréé l'été 2000 en s'inspirant du jardin d'origine. Claude de Ramezay, gouverneur de la ville de Trois-Rivières, puis de Montréal de 1704 à sa mort en 1724 (à l'exception de la période de 1714 à 1716 où il fut gouverneur par intérim de la colonie) avait choisi de construire sa maison sur le petit coteau de la rue Notre-Dame. Son domaine s'étendait alors sur 4 200 m² (45 200 pi²) et comprenait un potager, un verger, et un jardin d'agrément.

Aujourd'hui, grignoté par l'extension de la ville, le jardin du Gouverneur ne s'étend plus que sur 750 m² (8 000 pi²), mais il témoigne par son style et son contenu de la vie de la noblesse montréalaise du XVIIIe siècle.

Conçu « à la française », il est divisé en trois sections égales comme au temps du gouverneur Ramezay et entouré sur trois côtés par des murs au pied desquels poussent herbes aromatiques et médicinales. Une fontaine ornée d'une tête de bouc en bronze rappelle l'importance du puits dans les jardins de l'époque. Dans le potager, on retrouve les légumes de longue conservation qui devaient assurer la subsistance des colons pendant l'hiver comme les choux, les citrouilles, les carottes, les navets, les pois, les fèves et les oignons ainsi que les très populaires topinambours et concombres. Les plantes médicinales ou odorantes sont omniprésentes car les premières avaient la réputation de soigner mieux que le médecin et servaient même à chasser les démons tandis que les secondes étaient bien utiles pour masquer les odeurs dues à une propreté toute relative…

Le raffinement de la noblesse du XVIIIe siècle se retrouve dans des espèces plus rares au Québec comme les artichauts et les asperges. Dans le verger, les arbres fruitiers se plaisent fort bien. L'hiver, on les protège avec de la paille. Pommiers et pruniers poussent à merveille, la vigne, les poiriers et les pêchers sont présents mais ont plus de difficultés à s'acclimater.

Quant au jardin d'agrément situé au centre, il est le reflet d'une vie où le goût des fleurs est presque généralisé dans toutes les classes de la société canadienne française. On peut imaginer les belles réceptions données par le gouverneur, lors des animations historiques estivales offertes par le musée. Surplombant le jardin, le café du Château offre aussi une des plus belles terrasses en ville.

L'ASCENSION DU CLOCHER
DE NOTRE-DAME-DE-BON-SECOURS

Musée Marguerite-Bourgeoys · Chapelle Notre-Dame-de-Bon-Secours
400, rue Saint-Paul Est
- Métro : Champ-de-Mars • Tél. 514 282-8670
- Du mardi au dimanche sauf de mi-janvier à fin février
- Mars et avril : 11 h à 15 h 30
- Mai à l'Action de grâce (Canada) : 10 h à 17 h 30
- Action de grâce (Canada) à la mi-janvier : 11 h à 15 h 30

Dominant le Vieux-Port de Montréal, la sculpture monumentale de Notre-Dame-de-Bon-Secours, de ses bras ouverts sur le fleuve Saint-Laurent, étend sa

La plus belle vue sur le Vieux-Port

protection sur tous les marins qui approchent la ville. De façon méconnue, il est possible de se rendre jusque dans le clocheton qui la soutient et de profiter d'une vue unique. Il faut commencer par entrer au musée Marguerite-Bourgeoys, qui couvre plus de 2 000 ans d'histoire du Québec à travers ses sept salles d'exposition et sa chapelle puis monter dans le clocheton, véritable tour d'observation. On peut alors imaginer la cité d'autrefois avec son fleuve, sa forêt, son fort en rondins et ses premières demeures.

AUX ALENTOURS :

LE BALCON DE L'HÔTEL DE VILLE : LE LIEU DU DISCOURS DU GÉNÉRAL DE GAULLE
C'est de ce balcon sur la façade de la mairie de Montréal que, le 24 juillet 1967, le général de Gaulle prononça un discours non programmé suivi du fameux « Vive Montréal ! Vive le Québec ! Vive le Québec… libre ! Vive le Canada français et vive la France ! » qui fit grand bruit à l'époque. Il déclencha une grave crise politique entre le Canada et la France car le président français de l'époque semblait accorder son soutien aux indépendantistes québécois dont le parti avait justement pour slogan « Vive le Québec libre ! ». Incidemment, cet événement fit connaître la province francophone dans le monde entier.

LA SCULPTURE *LES CHUCHOTEUSES* ❻

Rue Saint-Paul (coin Saint-Dizier)
• Métro : Place-d'Armes

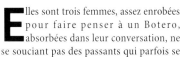

*Conversation
sur la placette*

Elles sont trois femmes, assez enrobées pour faire penser à un Botero, absorbées dans leur conversation, ne se souciant pas des passants qui parfois se retournent vers elles. Ce sont les *Chuchoteuses*, une sculpture en bronze de l'artiste Rose-Aimée Bélanger.

Il faut marcher dans le sens ouest-est de la rue Saint-Paul pour les remarquer, car l'œuvre a été installée dans un petit décrochement à l'angle de la rue Saint-Dizier. Un espace oublié, baptisé placette Saint-Dizier en 2006, en même temps qu'on y dévoilait l'ensemble des statues.

Malgré leur aspect massif, ces « Chuchoteuses » coiffées et habillés de façon identique dégagent beaucoup de sensualité et de légèreté.

Née au Québec, l'artiste francophone vit dans le nord de l'Ontario et travaille l'argile pour ses pièces qui sont ensuite coulées dans le bronze. Ses personnages féminins tout en rondeur racontent une histoire. Les visages expriment trois expressions renforcées par le placement des mains, une éloquente et deux attentives un brin dubitatives, donnant envie d'entrer dans leur conversation. Les promeneurs du Vieux-Montréal viennent d'ailleurs souvent se joindre à la discussion des trois commères prenant la pose pour une photo souvenir.

La rue Saint-Paul est une des premières rues de Montréal. Parallèle à la rue Notre-Dame elle a la particularité de suivre les contours du fleuve Saint-Laurent, ce qui en fait une des rares rues sinueuses de la métropole nord américaine. La rue arrive alors au centre de la place Royale, esplanade de marché jusqu'en 1803. Elle restera longtemps une importante rue commerciale avant de devenir au xixe siècle le berceau de la presse montréalaise avec pas moins d'une douzaine de journaux politiques et littéraires. Très animée, elle sera la première à profiter de l'éclairage public avec des lampes à l'huile.

AUX ALENTOURS

LA RUELLE CHAGOUAMIGON

Un peu plus loin dans la rue Saint-Paul, en direction de l'ouest, se trouve sur la gauche la ruelle Chagouamigon qui mène à la rue de la Capitale. Nommée au xviie siècle du nom amérindien d'un poste de traite ouvert par les explorateurs Radisson et Desgroseillers, cette venelle baignant dans la pénombre rappelle les premiers temps de la ville.

On retrouvait à l'époque, dans ce secteur très animé, deux autres petites ruelles au nom amérindien : les ruelles Michilimakinac et Outaouaise, aujourd'hui disparues. L'ensemble du quartier s'animait bruyamment lors des foires aux fourrures. Une rue avait même été surnommée la « rue d'enfer »…

LE COURS LE ROYER

• Métro : Place-d'Armes

> *Une oasis de calme et de fraîcheur*

Situé entre le boulevard Saint-Laurent et la rue Saint-Sulpice, le cours Le Royer constitue un véritable havre de paix à deux pas de la basilique-cathédrale Notre-Dame et de sa place animée. C'est le parfait endroit pour faire une pause incognito le midi.

L'été, les fontaines apportent fraîcheur et détente à cette rue fermée à la circulation depuis 1982 et dont l'histoire n'est pas banale.

Lorsqu'au milieu du XIXᵉ siècle la ville connaît un boom économique et renforce la vocation commerciale de la vieille ville, la communauté religieuse des Hospitalières de l'Hôtel-Dieu décide alors de déménager son hôpital plus au nord dans un endroit plus sain et moins bruyant. À partir de 1861, elle fait construire à la place de l'ancien Hôtel-Dieu un ensemble d'entrepôts qu'elle loue. Trois nouvelles rues vont être créées, dont la rue Le Royer en hommage à Jérôme Le Royer de La Dauversière à l'origine du projet missionnaire qui consacrera la naissance de Ville-Marie (Montréal). C'est lui qui avait mis sur pied et finança la petite colonie dirigée par Paul Chomedey de Maisonneuve et Jeanne Mance, les deux cofondateurs officiels de la ville. Sans Le Royer, Montréal n'aurait sans doute pas vu le jour en 1642.

Au cours du XXᵉ siècle, les entrepôts des années 1861-1872 sont peu à peu transformés en appartements et en bureaux. La rue deviendra une allée-jardin dans les années 1980, au plus grand bonheur des piétons.

AUX ALENTOURS :

LE BAS-RELIEF DE MARGUERITE BOURGEOYS

2, rue Le Royer

En 1925, la Salada Tea Company commande une sculpture de Marguerite Bourgeoys que l'on intègre à la façade donnant sur la rue Le Royer. L'entreprise souligne ainsi le rôle de la fondatrice des sœurs de la Congrégation de Notre-Dame. C'est à cet endroit même que le 30 avril 1659 Marguerite Bourgeoys donna son premier cours dans la première école de la ville installée dans une étable alors située au coin des rues Saint-Paul et Saint-Dizier.

LE MUSÉE DE LA BANQUE DE MONTRÉAL ❽

129, rue Saint-Jacques
• Tél. 514 877-6810
• Métro : Place-d'Armes
• Du lundi au vendredi de 10 h à 16 h
• Gratuit

Basilique d'affaires

Petit musée de poche, le musée de la Banque de Montréal est situé au 129, rue Saint-Jacques dans le passage reliant la succursale principale de la banque, un majestueux édifice néoclassique construit en 1847, au siège social de 1960. Cette visite originale fait remonter le temps jusqu'aux débuts de la finance.

La Banque de Montréal, doyenne des institutions bancaires canadiennes depuis sa fondation en 1817, a conservé un riche héritage historique. Dès l'entrée du musée, on se trouve face à une reconstitution criante de vérité du bureau grillagé du premier caissier de la banque. Dans les présentoirs, une intéressante collection de pièces de monnaie et de billets – les premiers émis au Canada avant même la création en 1935 de la Banque du Canada –, des documents et accessoires d'époque, des photographies, et une collection de tirelires… Dans le couloir, quatre panneaux de terre cuite représentent l'agriculture, la navigation, les arts et métiers et le commerce sont les originaux des bas-reliefs qui ornaient la façade du premier édifice de la banque, inauguré en 1819 puis remplacé par un bureau de poste.

La visite donne en prime l'occasion de découvrir le bâtiment historique qui accueille toujours la clientèle de la succursale montréalaise. Témoin de la puissance financière de Montréal au milieu du XIXe siècle, le très élégant édifice de style néogothique, conçu par l'architecte montréalais John

Wells, s'inspire très modestement du Panthéon de Rome avec son dôme qui fait contrepoids aux six colonnes corinthiennes du portique. Sur le fronton, sculpté par l'Écossais John Steell et installé en 1867, on retrouve les symboles de la nation canadienne : les armoiries de la banque flanquées de deux Amérindiens et, sur les côtés, un marin et un colon symbolisant le commerce et la prospérité économique. Exécuté en Écosse avant d'être transporté en pièces détachées par bateau, l'ensemble mesure 15,8 mètres de long et pèse 25 tonnes. Seule cette façade extérieure a été conservée lors de l'agrandissement de la banque entre 1901 et 1905.

NEW
BRIGHT
IDEA
Reg. No.
2830-512346

LA PLAQUE « NEW BRIGHT IDEA »

408-410, rue Saint-François-Xavier, au coin de la rue Saint-Éloi
• Métro : Place-d'Armes ou Square-Victoria

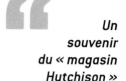

Un souvenir du « magasin Hutchison »

A
u 408-410, rue Saint-François-Xavier, au coin de la rue Saint-Éloi, la plaque « New bright idea » est la seule enseigne visible sur la façade du restaurant à la mode « Le Garde-Manger », qui rappelle l'ancienne affectation des lieux : le restaurant a emménagé en 2006 dans une bâtisse presque deux fois centenaire dont les lustres classiques et les vieux meubles en bois de l'ancien locataire ont été recyclés pour décorer la salle à manger.

Construit à partir de 1845 par la veuve de William Hutchison (d'où son nom de magasin Hutchison) et son second mari William Lunn, l'immeuble sert à la fois au commerce et à l'habitation. Presque toute son existence, il conservera ce statut de maison-magasin où marchands et manufacturiers se succéderont jusqu'à aujourd'hui.

C'est en vidant la cave, lors de son installation, que Chuck Hughes, le chef du « Garde-Manger », découvre sur une vieille chaudière une trappe qui portait en lettres de fonte la phrase « New bright idea », probablement le slogan du manufacturier. Elle est aussitôt détournée pour en faire le seul élément de décoration de la façade avec le numéro de rue dont les chiffres ont également été récupérés dans la maison (le 4 et le 0) ou bricolés avec des pièces de machines (le 8).

LE MORCEAU DU MUR DE BERLIN

Ruelle des Fortifications
Centre de commerce mondial de Montréal
Entrées par le 747, rue Square-Victoria ; le 393, rue Saint-Jacques ;
le 380, rue Saint-Antoine et par la rue Saint-Pierre
• Métro : Square-Victoria

L'histoire de la ruelle des Fortifications est liée à celle de deux murs, bien différents l'un de l'autre.

Un cadeau surprise

En 1717, de grands travaux sont entamés pour remplacer la palissade de bois qui entourait la ville depuis 1685. La nouvelle enceinte de pierre, terminée à la fin des années 1730, est destinée à mieux protéger la ville, même si elle ne servira pas longtemps : à la fin du XVIIIᵉ siècle, la cité s'est développée et se sent à l'étroit dans ses murailles dont la conception est en plus devenue inutile contre l'artillerie lourde. La population en demande son démantèlement. Ce sera chose faite entre 1804 et 1812 et la ruelle des Fortification naîtra alors le long de l'ancien mur entre les rues McGill et Saint-Laurent.

Au siècle suivant, le quartier autrefois résidentiel se transforme en centre de la finance. Étant parallèle à la rue Saint-Jacques et ses banques, la ruelle sert donc de voie de service aux édifices qui l'entourent. Lors de la construction du Centre de commerce mondial de Montréal entre 1987 et 1992, une partie de la ruelle des Fortifications est conservée et couverte d'une immense verrière créant un vaste atrium qui accueille une galerie marchande et des restaurants.

En 1991, un curieux colis arrive dans le port de Montréal : il s'agit d'un cadeau surprise de la ville de Berlin à l'occasion des 350 ans de Montréal qui seront fêtés l'année suivante. Le bloc de pierre « tombé » du Mur, lors de sa chute le 9 novembre 1989 autour de la Porte de Brandebourg, pèse 2,5 tonnes et mesure 3,6 mètres de haut pour 1,2 mètre de large. Il faudra trois ans pour trouver un endroit où l'exposer. Les musées montréalais n'en ayant pas voulu et l'idée de l'exposer à l'extérieur ayant été rejetée pour des raisons de sécurité et de conservation, c'est finalement le Centre de commerce mondial qui l'acceptera dans sa ruelle couverte là où, il y a un peu plus de deux siècles, s'élevait encore le mur d'enceinte de la ville.

AUX ALENTOURS :

STATUE D'AMPHITRITE : UNE STATUE QUI DÉMÉNAGE

Le grand bassin-fontaine du Centre de Commerce Mondial au bord duquel les jeunes mariés aiment se faire photographier est dominé par une statue d'Amphitrite, la femme de Poséidon, figure imposante de la mythologie grecque. L'histoire de ce monument n'est pas banale : la statue provient de la petite ville de Saint-Mihiel dans le département de la Meuse, au nord-est de la France. Démontée et remisée depuis plusieurs années, cette œuvre, réalisée vers 1755 par le sculpteur Dieudonné-Barthélémy Guibal, s'est retrouvée dans le catalogue de vente d'un antiquaire parisien. En 1990, un homme d'affaires québécois, M. Paul Desmarais père, en a fait l'acquisition dans le but d'orner la fontaine dont son entreprise, la Power Corporation, avait déjà été le commanditaire.

LES LANTERNES AU GAZ DE LA RUE SAINTE-HÉLÈNE

⓫

• Métro : Square-Victoria

> **L'éclairage façon XIXᵉ siècle**

Grâce à son ambiance particulière, cette petite rue du Vieux-Montréal est devenue la coqueluche des équipes de tournage de films d'époque.

En effet, en 1998, dans le cadre d'une des premières actions du plan Lumière, la rue Sainte-Hélène a retrouvé son éclairage du passé avec l'installation de vingt-deux lanternes au gaz. Une belle manière de mettre en valeur l'ensemble architectural qui caractérise la rue.

Ouverte en 1818 sur l'ancien domaine des Récollets, en même temps que les rues Le Moyne et des Récollets, la rue Sainte-Hélène a connu un essor considérable entre 1858 et 1871 avec la construction d'une dizaine de magasins, d'entrepôts et autres bâtiments commerciaux. Pour impressionner leurs clients, les commerçants ne lésinaient pas sur le luxe, ce qui donne une remarquable homogénéité architecturale à la rue. Cet aspect a été conservé au fil du temps même si, aujourd'hui, un grand hôtel et des bureaux sont venus petit à petit remplacer les grossistes.

LE « CIRCUIT LUMIÈRE »

La rue Sainte-Hélène fait partie à la tombée de la nuit de l'original « circuit Lumière », qui s'inspire de celui de la ville de Lyon en France, ville jumelle de Montréal : des experts des deux villes se sont en effet associés pour mettre en valeur les éléments architecturaux de certains édifices et rues de la vieille ville grâce à un éclairage particulièrement étudié. On peut ainsi suivre un parcours d'environ 90 minutes reliant la place Jacques-Cartier, la place d'Armes, la place Royale et la place d'Youville, en empruntant les rues de la Commune, Saint-Paul, Saint-Pierre et Sainte-Hélène. L'hôtel de ville, le marché Bonsecours, la basilique Notre-Dame, les hôtels Saint-James et Saint-Paul et le musée Pointe-à-Callière figurent parmi les principaux immeubles et monuments éclairés dont la liste s'allonge chaque année.

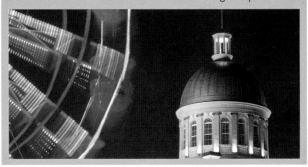

LES ANCIENNES ÉCURIES D'YOUVILLE

300/310, place d'Youville
• Métro : Square-Victoria

Pas la queue d'un cheval !

Construit sur la place d'Youville, une des places historiques rendant hommage à sainte Marguerite d'Youville et qui au XIXe siècle figurait au centre de la vie économique de Montréal, le bâtiment des anciens entrepôts Bouthillier, communément appelés Écuries d'Youville, attire l'attention par sa belle façade de pierres grises ornée sur les côtés de deux œils-de-bœuf installés sur les frontons. Une fois passée l'épaisse voûte d'entrée et sa grille en fer forgé on pénètre dans une charmante cour parfaitement restaurée où, l'été, il fait bon faire une pause entre deux rendez-vous ou promenades.

Il n'y eut en réalité jamais d'écuries à cet endroit : le nom provient du promoteur immobilier « Les Écuries d'Youville ltd. » qui avait racheté ces entrepôts en 1967.

Sur des terrains loués aux Sœurs grises, Jean Bouthillier et son fils Louis-Tancrède, négociants en potasse, firent construire entre 1827 et 1828 trois entrepôts pour stocker cette poudre précieuse issue de la combustion des bois francs (érable, chêne) et utilisée pour la fabrication du verre, du savon et la solidification des couleurs sur le coton imprimé. À cette époque avec le bois de construction et les céréales, la potasse figurait aux premiers rangs des exportations depuis le port de Montréal. Plus tard, les bâtiments servirent à un marchand de grains et de farine puis ce fut la minoterie Ogilvie & Co qui occupa les lieux pendant une vingtaine d'années. Suivront par la suite un courtier en douane et jusqu'en 1961 une entreprise spécialisée dans le commerce des fournitures pour l'industrie laitière. Après une période de latence, les sœurs vendirent le tout et les entrepôts furent reconvertis en bureaux, logements et un célèbre restaurant.

L'HÔPITAL DES SŒURS GRISES

138, rue Saint-Pierre
• Métro : Square-Victoria
• Sur rendez-vous en téléphonant au 514 842-9411 • Ouvert tous les jours de 9 h 30 à 11 h 30 et de 13 h 30 à 16 h
• Fermé le lundi
• La visite est gratuite

> **Dans la maison de mère d'Youville**

onstruit entre 1693 et 1697 par les frères Charon, le premier Hôpital général de Montréal fut pris en charge en 1747 par Marguerite d'Youville, fondatrice des Sœurs de la Charité qui fut canonisée en 1990. Celle-ci y accueillait les laissés-pour-compte et les plus démunis. « Allez chez les Sœurs grises, elles ne refusent jamais rien. » dit-on à l'époque. Marguerite vit dans l'Hôpital général jusqu'à son décès, le 23 décembre 1771.

Seules une aile et les ruines de la chapelle subsistent des bâtiments d'origine. La visite se fait en compagnie d'une des dernières sœurs à vivre encore sur place. On peut y marcher sur les dalles de pierre d'origine de la salle à manger, admirer le grand foyer et l'évier à gargouille. À l'étage, une exposition permanente rappelle les grandes étapes de la vie de Marguerite d'Youville.

On pénètre ensuite religieusement dans la chambre où la mère des pauvres priait et est décédée. Un morceau du parquet d'origine a été préservé. En toute sobriété, la dernière présence de la sœur est évoquée par un prie-Dieu et un Christ sur la croix. Cette visite émouvante se termine dans le petit jardin ombragé aménagé autour de la statue de Marguerite.

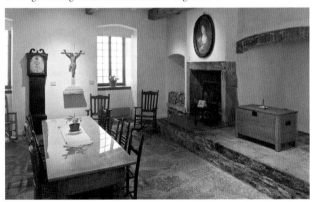

POURQUOI LES SŒURS SONT APPELÉES « GRISES » ?

Les Sœurs de la Charité se font appeler également Sœurs grises en raison de leur habit gris porté en signe d'humilité, mais aussi en rappel du passé de la jeune Marguerite d'Youville qui avait épousé un homme égoïste et volage qui ternit sa réputation en pratiquant le commerce illégal de l'alcool accusé de « griser » les Amérindiens !

LE REMORQUEUR DANIEL MCALLISTER

Bassin de l'écluse n° 1 du canal de Lachine
Sur la promenade des quais du Vieux-Port de Montréal
Au pied de la rue McGill
• Métro : Square-Victoria

*Un siècle
d'existence*

Ils sont les anges gardiens des eaux, dans les ports, sur les fleuves, les Grands Lacs et sur les mers et océans du monde. Ce sont les remorqueurs, ces petits bateaux très puissants et très manœuvrables, servant à guider, tirer, pousser les gros navires. Ils sont indispensables à leur navigation dans les ports et les passages difficiles.

Le remorqueur Daniel McAllister est un vétéran : c'est le plus gros remorqueur conservé au Canada et le deuxième plus ancien remorqueur de mer existant dans le monde.

Né en 1907 sous le nom d'Helena, il entame sa carrière sur la côte atlantique. Il rejoint ensuite la région des Grands Lacs où l'on en profite pour le mettre au goût du jour en remplaçant sa machine à vapeur par un moteur Diesel beaucoup plus puissant. En 1956, il change de nom et est rebaptisé Helen MB à la suite d'un nouveau « lifting ». Il arrive à Montréal dans les années 1960 sous la bannière de la McAllister Towing Limited qui lui donne son nom définitif, emprunté à un des membres de la compagnie maritime. Il finira sa longue carrière dans le port de Montréal pour finalement prendre sa retraite dans les années 1980.

Il aurait probablement été démantelé s'il n'avait été acquis en 1997 par le Musée maritime du Québec dont la mission est de sauvegarder, d'étudier et de mettre en valeur le patrimoine maritime. L'année suivante, il est confié à la Société du Vieux-Port de Montréal qui entame des travaux de restauration pour lui donner la fière allure. Réparation et peinture des surfaces extérieures et de la chaloupe selon les couleurs d'origine, restauration des boiseries et des plaques d'identification, remise en état des hublots, des feux de navigation et des projecteurs de recherche : une remise à neuf digne d'une pièce de musée !

L'ÂGE D'OR DU PORT DE MONTRÉAL

À la suite des grands travaux d'aménagement du début du XXe siècle, le port de Montréal prend l'aspect qu'on lui connaît aujourd'hui. Des années 1896 à 1930, il relie les navires transatlantiques aux trains en provenance ou en partance de toute l'Amérique du Nord. Des millions de tonnes de marchandises transitent par Montréal. Pour faire face à ce trafic, le port modernise ses installations. Des silos, des hangars et plus d'un kilomètre de quais sont construits. Les vestiges de cette époque faste sont toujours visibles dans le Vieux-Port.

SURF SUR LE SAINT-LAURENT

Entre les îles Sainte-Hélène et Notre-Dame
Entre la Cité-du-Havre et l'île Notre-Dame

> *En rivière, on peut surfer aussi longtemps qu'on le veut*

Si à Montréal l'eau est plus froide qu'en Australie, ici il n'y a pas de requins ! Qui pourrait imaginer qu'en pleine Cité du Havre, face au port de Montréal, on pouvait faire du surf ?

En fait, il s'agit de surf de rivière, un sport relativement nouveau mais en pleine expansion. Comme en surf de mer, on rame avec les mains jusqu'à la vague et ensuite on se lève sur la planche. La différence : dans l'océan, on surfe jusqu'à ce que la vague se brise, en rivière, on peut surfer aussi longtemps qu'on le veut ou qu'on le peut ! L'avantage est que les surfeurs n'ont plus besoin d'attendre la bonne vague, ce sont les vagues qui les attendent. En faisant du surplace, il est beaucoup plus facile de trouver le bon équilibre et de maîtriser les virages et figures. En rivière, un débutant peut ainsi progresser sans risque avant d'affronter les grosses vagues marines.

Le « spot » montréalais se situe derrière Habitat 67, l'ensemble d'habitations avant-gardiste de l'architecte Moshe Safdie sur l'île Sainte-Hélène.

Cette vague permanente est due à une fosse creusée durant les travaux de construction de l'île Notre-Dame pour Expo 67 : les ouvriers manquaient de terre de remblai et une digue fut construite afin d'aller en chercher dans le fond du fleuve. Quand on eut sorti une quantité de terre suffisante, on détruisit la digue, mais le trou creusé resta, créant la fameuse vague.

À certaines périodes de l'année, en fonction du niveau des eaux, la vague est plus imposante et attire de nombreux adeptes qui se rassemblent sur les berges. Il faut alors parfois attendre son tour de longues minutes.

Les surfeurs plus aguerris se rendront aux rapides de Lachine, un peu plus en aval, sur le Saint-Laurent. Attention : l'endroit est considéré dangereux en raison des nombreux obstacles et tourbillons. Les rapides sont aussi utilisés pour le kayak d'eau vive, le rafting, le jet boat et les expéditions en moto marine.

DES RAPIDES VERS LA CHINE !

En 1535, le Français Jacques Cartier fut le premier Européen à remonter le Saint-Laurent « jusqu'au village iroquois d'Hochelaga » (Montréal). En amont de la ville, il ne put dépasser les rapides qu'on appela plus tard par dérision les rapides de Lachine pour se moquer de ces explorateurs qui pensaient arriver en Chine par cette voie fluviale.

LES TOURS EIFFEL
DU PONT JACQUES-CARTIER

16

• Métro : Jean-Drapeau

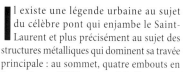

Une légende urbaine

I l existe une légende urbaine au sujet du célèbre pont qui enjambe le Saint-Laurent et plus précisément au sujet des structures métalliques qui dominent sa travée principale : au sommet, quatre embouts en forme de tour Eiffel auraient été offerts par la France à la ville de Montréal.

Cette légende n'est en réalité pas fondée et est une confusion avec le don du buste de Jacques Cartier par la France (voir ci-dessous).

En les observant depuis le tablier du pont, il est difficile d'imaginer que chacune d'entre elles mesure près de 4 mètres (13 pouces) et pèse environ 6 tonnes. Elles dominent le pont et la ville à plus de 100 mètres d'altitude, de quoi donner le vertige aux monteurs d'acier qui sont venus les restaurer durant l'été 2010, leur donnant ainsi une nouvelle jeunesse.

QUAND LA FRANCE FAIT LE DON D'UN BUSTE DE JACQUES CARTIER

En 1934, lorsque le pont du Havre changea de nom sous la pression populaire pour s'appeler Jacques-Cartier, la France fit don d'un buste du célèbre explorateur français à l'occasion du 400e anniversaire de la découverte du Canada. Le buste figure aujourd'hui sur un muret jouxtant le pavillon de l'île Sainte-Hélène, juste avant la rampe d'accès à l'île du même nom.

LE TRÉSOR DU PONT

Lors de la pose de la pierre angulaire du pont, en 1926, on disposa dans la pile 26, située à l'angle des rues Notre-Dame et Saint-Antoine, une capsule témoin avec 59 objets de l'époque.

Nul ne sait pourtant aujourd'hui à quel endroit précis se trouve ce « trésor », dans lequel on serait censé retrouver pêle-mêle : des journaux datés du 7 août 1926, des pièces de monnaie, dont une en or, trois photographies aériennes du port de Montréal, des plans et cartes, des rapports annuels et d'autres documents de l'époque.

LA ROSERAIE
DU RESTAURANT HÉLÈNE DE CHAMPLAIN

17

200, chemin du Tour-de-l'Isle – Ile Sainte-Hélène
• Métro : Jean-Drapeau
• Accès libre

Des roses et des vestiges amérindiens

Non loin des Floralies, on peut aussi admirer de magnifiques roses dans les jardins du célèbre restaurant Hélène de Champlain, situé au 200, chemin du Tour-de-l'Isle sur l'île Sainte-Hélène.

L'ancien Pavillon des Sports de 1937, transformé en 1955, rappelle l'architecture des maisons québécoises typiques, avec son toit en pente et ses lucarnes. À l'occasion de l'Exposition universelle de 1967, le restaurant fut reconverti en pavillon d'honneur destiné à l'accueil des chefs d'État et dignitaires. Une roseraie fut plantée selon les plans de l'architecte paysagiste Louis Perron. C'est le Rotary Club de Montréal-Lakeshore qui fournit gratuitement des milliers de rosiers en commémoration du centenaire de la Confédération canadienne. Prolongement intime du pavillon, la roseraie a conservé jusqu'à aujourd'hui sa structure générale d'origine et exhale toujours ses mille subtils parfums.

En 2004, des fouilles archéologiques mirent au jour au nord de la Roseraie des traces d'occupation amérindienne. Près de 250 objets : de la poterie, des outils en pierre taillée, des pipes et des ossements d'animaux identifient clairement la présence d'Iroquoiens sur l'île plus de 1000 ans avant notre ère.

AUX ALENTOURS

L'ANCIEN CIMETIÈRE MILITAIRE DE L'ÎLE

Aménagé en 1848 à l'extérieur du fort de l'époque (l'actuel musée Stewart), ce petit cimetière fut utilisé jusqu'en 1869. L'exhumation des sépultures eut lieu vers 1915. Des tombes d'origine, il ne reste aujourd'hui qu'un monument commémoratif inauguré en 1935 et qui porte les noms de ceux qui ont reposé un temps ici.

LA TERRASSE DE LA TOUR DE LÉVIS

Au cœur de l'île Sainte-Hélène
• Tél. 514 872-9013
• Métro : Jean-Drapeau

*Une vue
à couper
le souffle*

Située sur une des petites buttes de l'île
Sainte-Hélène, l'imposante tour de Lévis
semble faire partie du dispositif défensif
des anciennes fortifications de Montréal
conçu pour repousser une éventuelle invasion
iroquoise, anglaise ou américaine. Il n'en est rien et la réalité est beaucoup
moins romanesque : il s'agit en fait du château d'eau construit en 1936 qui
alimentait le réseau hydraulique de l'île.

Haute de 30 mètres et construite en pierre, la tour possède une architecture
qui n'en est pas moins remarquable. À l'intérieur, un escalier de 157 marches
conduit à une terrasse d'observation d'où la vue panoramique à 360° est à
couper le souffle. On y découvre le fleuve Saint-Laurent, la ville et, par temps
clair, vers le sud, les contreforts de la Montérégie. En automne lorsque la cime
des nombreux arbres alentour prend les couleurs de l'été indien, on domine à
peine une canopée flamboyante avec l'impression d'en faire partie.

Entièrement restaurée, cette tour peut être aujourd'hui louée de mai à
octobre pour des déjeuners ou des soirées inoubliables ou à l'occasion du
concours international des feux d'artifice de La Ronde toute proche. La
terrasse peut accueillir jusqu'à 60 personnes à partir de 11 h le matin et jusque
tard dans la nuit.

LES JARDINS DES FLORALIES ⑲

• Métro : Parc-Jean-Drapeau

"

**Dans
l'ombre du circuit
de Formule 1**

Chaque année, des centaines de milliers de spectateurs se pressent dans l'île Notre-Dame pour assister au fameux grand prix de Formule 1 sur le Circuit Gilles-Villeneuve. À quelques mètres de là, se cachent de magnifiques jardins qui connurent leur heure de gloire lors de leur création en 1980 pour les Floralies internationales de Montréal.

Quel contraste saisissant entre le bruit assourdissant des voitures et le calme olympien de ces jardins peu fréquentés et bien souvent oubliés des circuits touristiques.

En 1980, les plus grands architectes paysagistes venus de 25 pays s'étaient donné rendez-vous à Montréal pour les premières floralies organisées en Amérique du Nord. Pour l'occasion, une partie de l'emplacement de l'Exposition universelle de 1967 (Expo 67) fut réaménagée. Le site des Floralies couvrait environ 16 hectares. Il en reste aujourd'hui un héritage d'environ 5 hectares de jardins floraux exceptionnels qui au fil des ans ont gagné en beauté et en maturité.

Nichés dans cette oasis de tranquillité qu'est l'île Notre-Dame face aux gratte-ciel du centre-ville, les jardins comprennent plus de 100 000 plantes annuelles et 5 000 arbustes, dont de rarissimes variétés. De charmants petits canaux circulent dans cet environnement luxuriant et s'échelonnent sur une distance totale de 1,5 km. Sous les ponts Rialto, de la Madone ou des Soupirs, les charmes du pédalo sont au rendez-vous chaque année de la fin du mois de juin à la fin du mois d'août. On peut y pique-niquer à l'ombre d'un magnifique saule pleureur en observant les oiseaux s'ébattre sur le canal ou les carpes se dandiner au fil de l'onde.

Les jardins sont facilement accessibles en vélo via le pont Victoria et la piste cyclable de la voie maritime, le pont Jacques-Cartier, le pont de la Concorde ou encore la navette fluviale l'été en provenance de Longueuil ou du Vieux-Port de Montréal (les enfants adorent). À pied, la station de métro « Parc-Jean-Drapeau » n'est qu'à une « belle petite marche » comme on dit ici : une dizaine de minutes !

LE TOTEM KWAKIUTL

Parc des Floralies
Île Sainte-Hélène
• Métro : Jean-Drapeau

Le seul témoignage du pavillon des Indiens du Canada de l'Expo de 1967

On connaissait la fabuleuse collection de totems du parc Stanley à Vancouver, mais Montréal possède également son mat totémique amérindien. Il est le seul témoignage du pavillon des Indiens du Canada construit pour l'Exposition universelle de 1967.

Construit en cèdre rouge, le mat totémique Kwakwaka'wakw (ou Kwakiutl), de près de 20 mètres de haut, s'élève aujourd'hui dans le parc des Floralies sur l'île Sainte-Hélène. Issu de la tradition des peuples amérindiens de la côte nord-ouest de l'Amérique du Nord, le poteau représente des animaux à la fois familiers et mythiques qui servent à signifier l'appartenance à une famille ou un clan. Sur celui de Montréal, on trouve au sommet le grand corbeau, oiseau du tonnerre, qui, comme Zeus, dispose de la foudre, puis viennent un ours et un sisiutl, un mythique serpent de mer à deux têtes, une orque dévorant un phoque, un castor et dans le bas, un chef de tribu. Ces six figures représentent les emblèmes de plusieurs clans agissant ainsi à l'unisson.

Œuvre traditionnelle de la nation Kwakiutl, un peuple amérindien de la Colombie-Britannique, ce totem a été réalisé à la fin des années 1960 par Henry Hunt et son fils Tony pour l'Exposition universelle de Montréal. Il a été réparé et repeint en 2007 en respectant la tradition Kwakiutl voulant que sa restauration soit effectuée par des membres de la famille du sculpteur d'origine. Cette coutume conserve l'héritage des ancêtres et permet la transmission des connaissances.

La présence amérindienne sur l'île de Montréal remonterait à plus de 8000 ans avant notre ère. Des fouilles archéologiques dans l'île Sainte-Hélène en 2003 ont mis au jour des morceaux de céramique déposés entre 1200 et 1350, ce qui constitue la preuve d'une présence amérindienne située sous l'actuel pont Jacques-Cartier.

LES FRESQUES MURALES INUIT DU PAVILLON DU CANADA

㉑

1, circuit Gilles-Villeneuve, sur l'île Notre-Dame
• Tél. 514 872-9013
• Métro : Jean-Drapeau

Un legs de l'Expo 67

À l'époque, en 1967, il s'agissait d'une première : la réalisation par des artistes inuit d'une fresque murale de grande ampleur à l'occasion de L'Exposition internationale. L'art inuit s'ouvre enfin au monde et de nombreuses sculptures sont exposées dans le restaurant La Toundra du pavillon du Canada. Le pays a commandé à deux artistes du village de Cape Dorset une œuvre constituée de plusieurs peintures murales intitulée *Le Monde Polaire*. Kumakuluk Saggiak et Elijah Pootoogook, aujourd'hui deux artistes reconnus, utilisent alors une technique s'inspirant du sgraffito italien : le mur est d'abord enduit d'une surface de plâtre fin d'environ 1 pouce (2,5 cm) d'épaisseur, puis recouvert d'une couleur anthracite. Les motifs de l'œuvre sont ensuite dessinés. Pour la grande fresque représentant le village de Cape Dorset, les artistes dégagent la surface autour de chacun des éléments de façon à ce que le dessin ressorte en noir sur fond blanc. Pour les autres peintures, ils gravent directement dans la surface de façon à ce que les pigments s'inscrivent en blanc sur la surface peinte en noir. Certaines parties utilisent les deux méthodes.

Scènes de chasse et de pêche traditionnelles côtoient ainsi la représentation du village de Cape Dorset. Celui-ci est constitué de maisons et de bâtiments construits par les Blancs, et la technologie (hydravion, motoneiges) y est déjà très présente. Pour le public qui découvre souvent pour la première fois l'art inuit, c'est une véritable plongée dans la vie quotidienne de ces peuples polaires petit à petit gagnés par la civilisation.

Officiellement nommé « Katimavik », le pavillon du Canada fait partie des bâtiments qui ont subsisté après l'Expo. L'immense pyramide inversée installée sur son toit blanc et dans laquelle les visiteurs pouvaient monter pour assister à des spectacles a disparu. Disponible à la location, le restaurant La Toundra accueille des réceptions, mariages, réunions d'affaires, etc. offrant l'occasion de redécouvrir ces magnifiques fresques.

SAINT-LAURENT, SAINT-DENIS, PLATEAU

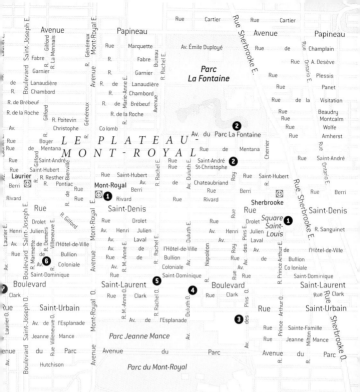

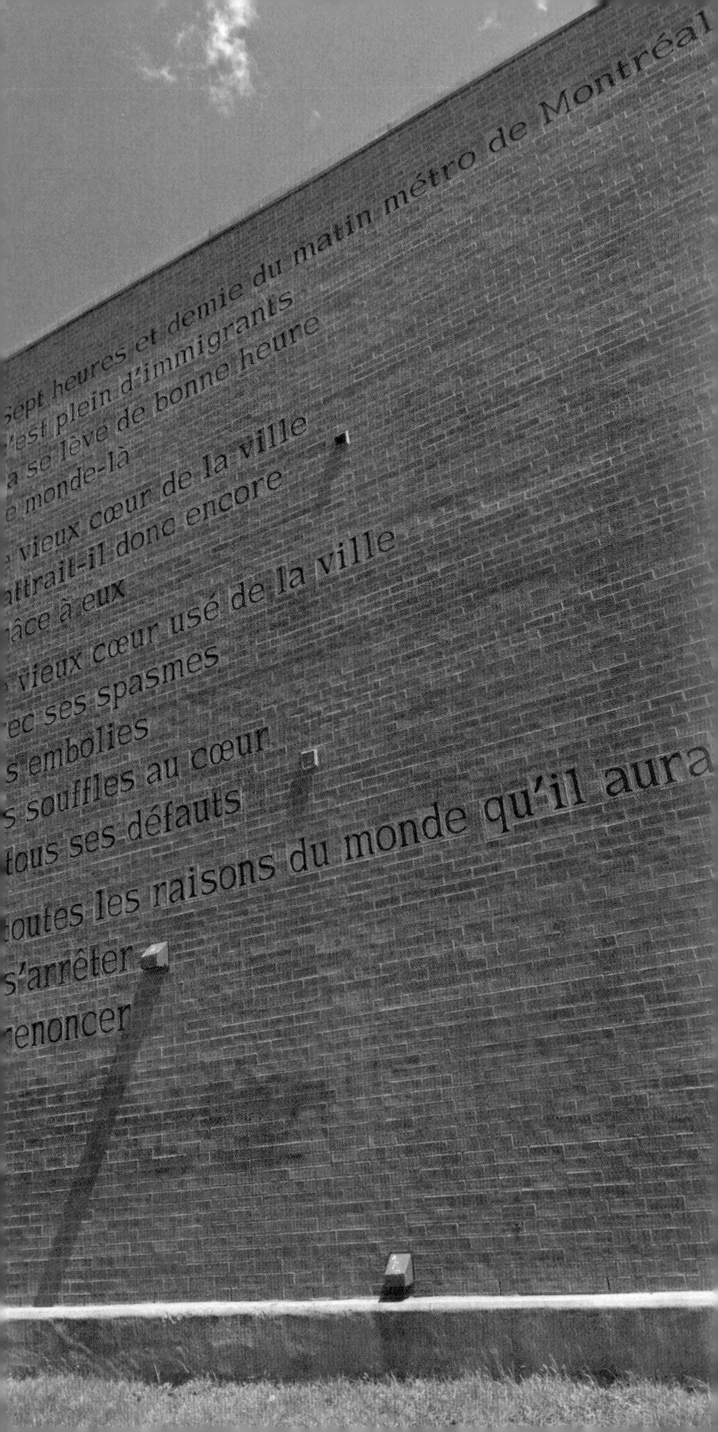

Sept heures et demie du matin métro de Montréal
c'est plein d'immigrants
ça se lève de bonne heure
ce monde-là

le vieux cœur de la ville
l'attrait-il donc encore
grâce à eux

le vieux cœur usé de la ville
avec ses spasmes
ses embolies
ses souffles au cœur
tous ses défauts

a toutes les raisons du monde qu'il aura
de s'arrêter
de renoncer

LE « TANGO DE MONTRÉAL » DE GÉRALD GODIN ❶

4443, rue Rivard (façade donnant sur la place Gérald-Godin)
• Métro : Mont-Royal

> ## *Des mots cachés dans la brique*

Tous les jours, des centaines de personnes attendent leur autobus à l'arrière de la station de métro Mont-Royal sans remarquer que, dans la vaste façade de briques, de l'autre côté du passage, se cache un célèbre poème de la littérature québécoise. Inaugurée en 1999, l'œuvre a été conçue dans le cadre du réaménagement du square entourant l'accès au métro, créant ainsi la place Gérald-Godin, en hommage au poète et député québécois. Le poème intitulé « Tango de Montréal » est tiré du recueil *Sarzènes* publié en 1983. Les concepteurs de la place ont voulu le graver sur une façade, car, sur la maison de Gérald Godin dans le Carré Saint-Louis, figurait un autre poème célèbre écrit par Michel Bujold. Tout un symbole…

DANS LE MÊME QUARTIER :

LE POÈME PHONÉTIQUE « LETTRE À JEAN DRAPEAU »
336, rue du Square-Saint-Louis
• Métro : Sherbrooke

Il faut contourner par la gauche la maison du 336, square Saint-Louis où vécurent le politicien poète Gérald Godin et sa compagne, la chanteuse Pauline Julien, afin de découvrir cette œuvre murale pour le moins insolite. Langue étrange ? Pas vraiment puisqu'il s'agit d'un poème phonétique : impossible de le comprendre sans le lire à voix haute. Écrite par Michel Bujold qui se décrit lui-même comme un poète-concepteur-animateur, cette « Lettre à Jean Drapeau » date de 1975 et a été miraculeusement conservée. Témoin privilégié de l'histoire culturelle de Montréal, le square Saint-Louis, souvent appelé Carré Saint-Louis, et ses alentours ont accueilli au fil des décennies de nombreux artistes : Émile Nelligan. Gaston Miron, Denise Boucher, Gérald Godin, Pauline Julien, André Gagnon, ou encore plus récemment Michel Tremblay, Gilles Carle ou Dany Laferrière.

LES LEÇONS SINGULIÈRES

Place Roy sur la rue Roy, entre la rue Saint-André et la rue Saint-Christophe et dans le parc Lafontaine
• Métro : Sherbrooke

Des chaises pour ne pas s'asseoir

Lorsqu'elle fit son apparition sur cette petite place Roy du quartier du Plateau Mont-Royal, l'œuvre *Les Leçons singulières*, imaginée par le sculpteur Michel Goulet, suscita de vives réactions. À quoi peuvent bien servir ces chaises sur lesquelles on ne peut s'asseoir ?

Dans les années qui suivirent, l'installation fut vandalisée à plusieurs reprises et une chaise fut même dérobée en 1995. Par mesure de précaution, la ville retira toutes les chaises de l'ensemble sculptural de la place Roy pendant plus d'un an. En 1999, les sculptures furent remises en place avec un nouveau système d'ancrage et la chaise manquante fut remplacée à l'identique, deux nouvelles chaises sur lesquelles on peut cette fois s'asseoir faisant leur apparition !

Fait rare, la chaise volée sera retrouvée douze ans plus tard, en 2007. L'artiste décida finalement de la placer au centre d'une nouvelle œuvre publique, « un jardin à soi », inaugurée en 2011 dans l'Arboretum du Jardin botanique.

Les Leçons singulières comprend aujourd'hui deux volets. Le premier, place Roy, est composé d'une table-fontaine en laiton représentant une mappemonde où baignent les cinq continents et de huit chaises dont six comportent un élément distinctif : maison, spirale, roues, labyrinthe, entonnoir et puzzle. Le second volet se trouve à 300 mètres à l'intérieur du parc Lafontaine, sur le belvédère Léo-Ayotte. Il est lui composé d'une carte-sculpture en relief du parc et de six chaises disposées en arc de cercle le long de la balustrade sous lesquelles l'artiste a placé des objets évoquant des activités pratiquées dans cet espace vert : des souliers de sport, un livre, un ballon, un journal plié, un sac à lunch et des jumelles. Motif récurrent dans l'œuvre de Michel Goulet, la chaise a toujours été selon lui « le prétexte de rencontres, de mise en commun, d'échanges et le révélateur de ce qui nous singularise, mais aussi de ce qui nous rassemble, nous positionne, aiguise la conscience… »

LE JARDIN DU MONASTÈRE DES HOSPITALIÈRES

❸

Entrée par le musée des Hospitalières de l'Hôtel-Dieu de Montréal au 201, avenue des Pins Ouest
• Des visites commentées s'effectuent une dizaine de fois dans l'année, le dimanche de 13 h 30 à 15 h 30 de mai à septembre
• Réservation requise • Tél. 514 849-2919
• Métro Sherbrooke

> *« Le silence et l'harmonie des lieux favorisent le processus de guérison »*

Au cœur de la ville, le jardin du monastère des Hospitalières est un grand jardin secret dont l'entrée s'effectue au 201, avenue des Pins Ouest. Sœur Denise Lafond, supérieure générale de la Maison-mère des Hospitalières de Saint-Joseph, qualifie en ces termes cet espace privilégié : « Notre jardin se veut un lieu de recueillement, nos malades qui le visitent régulièrement y trouvent une source de paix intérieure, et le silence et l'harmonie des lieux favorisent le processus de guérison. »

Les jardins des Hospitalières sont l'un des derniers espaces verts de la terre dite « de la Providence » qui couvrait à l'origine près de 150 arpents (51 ha).

Ce grand terrain fut cédé en 1730 aux religieuses par les fils de Bénigne Basset, premier notaire de Montréal, en échange de leur pension et des soins nécessaires jusqu'à leur décès. Les religieuses y pratiquaient l'agriculture et l'élevage, y exploitaient aussi une carrière et entretenaient un jardin agrémenté de nombreux arbres fruitiers.

Lorsqu'en 1859 l'hôpital de l'Hôtel-Dieu trop exigu et situé dans un environnement très pollué doit quitter le Vieux-Montréal, cette Terre-de-la-Providence est choisie pour y construire un nouveau monastère et un nouvel hôpital. À l'époque, le nord de la rue Sherbrooke était encore la campagne.

Dès lors, les jardins vont nourrir la congrégation et les malades. Ils suffisent pour combler la majorité des besoins des sœurs et des malades en fruits et légumes, et l'étable, qui se trouve le long du mur d'enceinte au sud-ouest du jardin, abrite alors 28 vaches laitières et quelques centaines de poules. Jusqu'en 1932, les religieuses n'achètent donc ni lait, ni crème, ni œufs. Au-delà de sa fonction de garde-manger, le jardin devient également un lieu de promenade, de recueillement et de méditation.

Aujourd'hui, cet espace champêtre profite encore aux malades de l'hôpital ainsi qu'aux dernières religieuses de la congrégation. Les bêtes ont disparu, mais les arbres fruitiers sont toujours là et, en 2011, les sœurs ont même installé de nouvelles ruches, les dernières ayant disparu dans les années 1930.

C'est un peu de cette campagne que l'on retrouve encore aujourd'hui lors de ces visites privilégiées, au nombre de places limitées, qui ont lieu une dizaine de dimanches par an. C'est l'occasion de découvrir aussi au milieu des arbres une gracieuse et minuscule chapelle dédiée à la Vierge que l'on ne peut découvrir autrement.

LE CINÉMA L'AMOUR

❹

4015, boulevard Saint-Laurent
• Tél. 514 849-6227
• Métro Mont-Royal

Une histoire pas banale

Difficile de penser que derrière la façade aguichante du cinéma pornographique L'Amour se cache un théâtre historique digne de figurer au patrimoine montréalais.

L'histoire de ce bâtiment au cœur de la Main (le boulevard Saint-Laurent) n'est pas banale. L'actuel cinéma L'Amour a débuté sa « carrière » sous le nom « Le Globe » en 1914. À la fois théâtre et cinéma, comme beaucoup de salles de spectacle de l'époque, le Globe s'était installé dans ce quartier en pleine expansion de la communauté juive de Montréal. Durant les années 1920 à 1930, on y projetait des films en yiddish. Puis, en 1932, sa programmation s'étend et le théâtre est rebaptisé « Hollywood ».

Ce n'est qu'en 1969 qu'il se spécialise à nouveau, cette fois dans les films à caractère sexuel et devient le Pussycat puis, en 1981, le cinéma L'Amour.

Miraculeusement, son intérieur a peu changé et on y retrouve le promenoir, le balcon en fer à cheval et la scène quasiment tels qu'ils étaient à l'origine. Si L'Amour est aujourd'hui la plus ancienne salle de son genre à Montréal, c'est probablement aussi la dernière.Les innovations technologiques que sont le magnétoscope, les lecteurs DVD et enfin Internet ont sonné la mort des prouesses sexuelles projetées sur grand écran. Il est bien loin le temps du boom des salles de cinéma porno des années 1970. À l'époque, il fallait faire la file, aujourd'hui on entre à L'Amour en catimini…

Le spectateur se fait rare, une nouvelle clientèle s'est créée plus attirée par le voyeurisme et l'exhibitionnisme que par les films eux-mêmes. À cette fin, une section réservée aux couples a été aménagée il y a une dizaine d'années.

Le « Globe » d'antan n'a pourtant pas encore rendu son dernier souffle. La salle se transforme certains soirs en lieu de culture alternative : chaque année, des concerts du festival de musique indépendante « Pop Montréal » y sont donnés, et tous les premiers mercredis du mois, lors des « *Grindhouse Wednesdays* », on y passe des films atypiques « underground » des années 1940 à 1970 accompagnés d'une performance musicale. Un nouveau pied de nez au conformisme qui cadre bien avec le décor mélangé du lieu.

LES BANCS DU QUARTIER PORTUGAIS

Boulevard Saint-Laurent sur le Plateau-Mont-Royal
• Métro : Saint-Laurent ou Mont-Royal

Une promenade littéraire originale

Depuis avril 2009, douze bancs publics en granit noir ont été installés sur la Main entre les rues Saint-Cuthbert et Marie-Anne. Six bancs du côté est, les six autres côté ouest comme pour dessiner un pont symbolique. Sur chaque banc est gravée une citation en portugais et en français, tirée de la plume d'auteurs majeurs de la littérature portugaise du XIVᵉ au XXIᵉ siècle : de la chanson courtoise du roi troubadour Dom Dinis, au prix Nobel José Saramago en passant par le plus célèbre des poètes portugais, Fernando Pessoa.

Pour chaque écrivain, on peut lire en français et en portugais une brève biographie, un petit exposé du style et le contexte historique de l'œuvre. Le théâtre, la religion, les grandes découvertes maritimes, le baroque portugais, le fado, le voyage, l'émigration et la langue sont autant de thèmes abordés dans cette promenade littéraire très originale.

Chaque banc est décoré sur ses flancs avec des azulejos (carreaux de faïence peints) dessinés par quatre artistes montréalais d'origine portugaise : Carlos Calado, Miguel Rebelo, Joe Lima et Joseph Branco.

La ville a voulu ainsi marquer les 50 ans de la présence de la communauté portugaise à Montréal. Une belle façon de pénétrer les méandres de la culture et de l'âme lusitaniennes.

AUX ALENTOURS

LE PARC DU PORTUGAL
Au coin de la rue Marie-Anne et du boulevard Saint-Laurent

Le parc du Portugal est un charmant petit endroit qui rend hommage aux immigrants d'origine portugaise, majoritairement en provenance des Açores, qui sont nombreux à s'être installés dans le quartier à partir des années 1950. Le parc est parsemé d'éléments de décoration rappelant la culture portugaise : un kiosque à musique coiffé du coq de Barcelos, une fontaine embellie d'azulejos (céramique peinte) œuvre de Ruiz Dias... Le piédestal rappelle la façon dont les explorateurs marquaient leur présence sur les nouvelles terres qu'ils découvraient. Il symbolise ici la présence de la communauté.

LA RUE DEMERS ❻

• Métro : Laurier ou Mont-Royal

Une fausse ruelle

Au nord du Plateau-Mont-Royal, la rue Demers, bordée par des maisons construites au début du XX\ue siècle pour héberger des ouvriers des carrières voisines, semble une rue comme les autres. Et pourtant, cette rue parallèle au boulevard Saint-Joseph et à la rue Villeneuve, coincée entre les avenues Coloniale et Henri-Julien, mène une double vie.

Si une partie est encore accessible aux voitures, l'autre partie a été transformée en jardin.

L'histoire de cette ruelle qui n'en est pas une n'est pas banale : en 1969, cinq étudiants en architecture veulent la rénover avec l'aide de ses habitants pour améliorer ainsi leur cadre de vie. Les jeunes architectes ne pourront mener à terme leur projet, bloqué par le manque d'enthousiasme et d'engagement des résidents de ce quartier défavorisé. Un film intitulé *Les fleurs, c'est pour Rosemont* encore visible sur le site de l'ONF (Office national du film du Canada) raconte leur aventure.

Quarante ans plus tard, pourtant, la rue Demers est devenue l'une des plus agréables de ce coin du Mile End qui s'est considérablement embourgeoisé au fil des décennies. Les résidents ont finalement réussi à rendre leur environnement agréable en aménageant de grands espaces verts qui bloquent carrément la rue et en prenant grand soin de l'apparence de leur maison. On y marche tranquillement, se laissant imprégner du calme ambiant. Dépaysement garanti.

LES RUELLES VERTES DU PLATEAU

La ruelle est une particularité de la ville de la Montréal et presque un emblème. Peu de villes disposent en effet d'un tel réseau routier parallèle que l'on estime à près de 450 km pour environ 4 000 ruelles. Depuis une vingtaine d'années, on assiste à l'apparition de ruelles vertes, un phénomène qui a rapidement pris de l'ampleur dans le quartier du Plateau-Mont-Royal avant de s'étendre à l'ensemble de l'île de Montréal. On compte plus de 50 ruelles vertes sur le « Plateau » et une dizaine viennent s'ajouter chaque année à la liste. Pour qu'une ruelle devienne « verte », il faut en retirer le revêtement bitumineux sur environ 70 m^2 et y planter des plates-bandes de plantes vivaces, d'arbres et arbustes. L'augmentation du couvert végétal contribue à lutter contre les effets de la chaleur urbaine, à récupérer l'eau de pluie et à augmenter la biodiversité. Mais c'est aussi une manière de fraterniser entre voisins et d'embellir un quartier. L'initiative d'une ruelle verte revient toujours aux résidents qui se forment en comité. Si 100 % de ces résidents l'approuvent, une ruelle peut même être interdite à la circulation automobile pour se transformer en véritable jardin : on parle alors de ruelle champêtre. La première ruelle champêtre de Montréal a vu le jour en 2007 : elle se situe entre les avenues Drolet et Henri-Julien.

LE MUSÉE DES POMPIERS AUXILIAIRES DE MONTRÉAL ❼

5100, boulevard Saint-Laurent dans la caserne n° 30
- Métro : Laurier
- Visites guidées uniquement le dimanche entre 13 h 30 et 16 h
- Tél. 514 872-3757

À la gloire des soldats du feu

Situé 5100, boulevard Saint-Laurent, le petit musée des Pompiers auxiliaires de Montréal est un pont entre le passé et le présent. Les quelques salles de présentation, modestes mais très bien documentées, ont en effet été aménagées au sein même de la caserne n° 30 encore en fonction. De plus les visites sont guidées par des pompiers auxiliaires passionnés par leur métier et qui aiment raconter l'histoire qui s'y rattache. On apprend ainsi que le développement de Montréal est intimement lié à ses soldats du feu.

Dès la fondation de la ville en 1642, le feu est un ennemi parfois pire que les Iroquois. La défense de la ville contre les incendies est alors assurée par les militaires et des veilleurs de nuit parcourent les rues pour prévenir du danger et alerter en cas de feu.

Au cours des XVIIe et XVIIIe siècles, de nombreux bâtiments sont emportés par les flammes. En 1765 et 1767, des incendies détruisent respectivement 108 et 90 maisons, mettant des centaines de familles à la rue. L'hôpital de l'Hôtel-Dieu sera lui-même anéanti à plusieurs reprises. Au XIXe siècle, la lutte contre le feu s'organise. Les premières pompes à bras apparaissent ainsi que les premières « sociétés du feu », liées aux compagnies d'assurances. En 1829, Montréal dispose de trois sociétés du feu distinctes : la « Saint-Lawrence Alliance and Fire Club of Montréal », la « Montréal Fire Club », et la « Phoenix Volonteer Fire Club ». Malheureusement, une rivalité anime les volontaires des différentes associations, les premiers arrivés sur les lieux de l'incendie revendiquant le droit exclusif de combattre le feu au nom de leur société. Ces discussions et escarmouches entre pompiers laissent alors le brasier libre de se propager…

Il faudra attendre 1863 pour voir l'arrivée d'un corps de pompiers permanent. En 1911, les premiers véhicules motorisés viennent remplacer progressivement les chevaux qui quitteront définitivement le service en 1936. L'après Seconde Guerre mondiale apportera son lot de nouvelles techniques, une meilleure communication et une amélioration de la formation qui amèneront les pompiers jusqu'au service de Sécurité Incendie de Montréal (SIM) que l'on connaît aujourd'hui. Il est à noter toutefois qu'il faudra attendre 1990 pour voir la première femme pompière.

Toute l'aventure de cette lutte contre le feu se retrouve sur les deux étages du musée du boulevard Saint-Laurent. Machines d'un autre temps, photos anciennes, collection de casques, la visite se termine dans la caserne actuelle, devant les fameux camions rouges aux chromes rutilants.

Une heure et demie de pur bonheur.

WILENSKY'S LIGHT LUNCH ❽

34, avenue Fairmount Ouest (coin Clark)
- Tél. 514 271-0247
- Métro : Laurier
- Du lundi au samedi de 9 h à 16 h, fermé le dimanche
- Argent comptant seulement

« De toute façon, en restant longtemps sans rien changer, on revient toujours à la mode ! »

On peut passer souvent devant cette vieille façade peinte en vert éclatant sans s'apercevoir qu'il s'agit d'un restaurant. Cantine, *delicatessen, take out*… Wilensky's Light Lunch est un peu tout cela mais c'est avant tout une page de l'histoire du quartier juif de Montréal dont il est l'un des derniers « monuments ».

Tout commence avec une famille immigrée de Russie à la fin du XIXᵉ siècle dont le grand-père, barbier, possédait un petit commerce où il vendait aussi des cigares. En 1932, au cœur de la Dépression, Moe, le fils de 20 ans et son frère Archie décident d'ouvrir leur propre affaire, un restaurant-cantine où l'on peut aussi emprunter des livres. Il devient vite un lieu de rencontre pour la communauté juive même si la concurrence les oblige bientôt à se démarquer.

Les deux frères ont alors l'idée d'acheter un gril pour faire des sandwiches chauds à la manière des paninis d'aujourd'hui. Le « Wilensky's Special » était né, une association de salami et de saucisson de Bologne (ou baloney) dans un pain kaiser agrémenté de moutarde jaune.

On y entre désormais comme dans un musée : le décor dépouillé semble immuable et conforme aux descriptions du célèbre écrivain montréalais Mordecai Richler, qui a immortalisé le lieu dans *L'Apprentissage de Duddy Kravitz*, un roman paru en 1959 et adapté au cinéma en 1974 : une grande salle presque vide, quelques vieilles photos et des articles de journaux au mur,

une étagère en bois avec de vieux livres et au fond un comptoir « vintage » devant lequel trônent des tabourets branlants. La carte non plus n'a pas changé : hot dog, sandwich aux œufs tranchés ou Spécial (avec ou sans fromage) agrémenté d'un soda fontaine aromatisé comme jadis et, en dessert, un New York Egg Cream, un soda à base de lait.

Pour Sharon Wilensky, qui tient le restaurant avec sa mère Ruth, la femme de Moe, point besoin de modifier une formule qui marche : « de toute façon, en restant longtemps sans rien changer, on revient toujours à la mode ! »

Moe avec son frère Archie et un client peu après l'ouverture du restaurant.

LES VESTIGES HÉBRAÏQUES DU COLLÈGE FRANÇAIS DE MONTRÉAL

9

Le collège français de Montréal
162, rue Fairmount Ouest
• Métro : Laurier

> *Les fragments d'une ancienne synagogue*

Difficile d'imaginer que derrière la façade moderne et sans grand intérêt architectural du collège français se cache en fait une ancienne synagogue. De la fin du XIXᵉ au début du XXᵉ siècle, une importante communauté juive provenant d'Europe de l'Est s'installe en effet à Montréal. Surnommée la « petite Jérusalem d'Amérique », Montréal est alors un haut lieu de la culture juive en Amérique. En 1930, 60 000 personnes parlaient ainsi yiddish dans la ville et de nombreuses synagogues sont construites, dont la synagogue B'nai Jacob de la rue Fairmount, en 1918.

Lorsque la communauté se disperse dans les nouveaux quartiers créés après la Seconde Guerre mondiale, de nombreuses synagogues de l'ancien quartier juif sont converties. C'est le cas de la synagogue B'nai Jacob, qui fut vendue au collège français dans les années 1950.

À l'exception de sa façade défigurée par l'ajout d'une extension en brique qui accueille de nouveaux escaliers, le bâtiment d'origine a subsisté en grande partie. Étrangement, une partie de l'ancienne arche sous laquelle figurait une grande rosace en vitrail représentant l'étoile de David est toujours visible. On peut encore y lire quelques écritures en hébreu. Au niveau du trottoir, une grande fresque a été peinte de chaque côté de la porte d'entrée où figure un soleil flamboyant, rappel de l'ancienne grande étoile juive en vitrail.

LE « JARDIN DU CRÉPUSCULE » DE GLEN LE MESURIER ⑩

Angle avenue Van-Horne et rue Saint-Urbain près du viaduc Saint-Laurent
• Métro : Rosemont

Quand l'art colonise un terrain vague

Glen Le Mesurier fait partie de ces artistes passionnés dont la démarche artistique dépasse les œuvres elles-mêmes. L'art public est au cœur de sa passion et il voudrait voir les villes remplies d'œuvres d'art. En 1999, il jette son dévolu sur un terrain vague tout près de son atelier du Mile-End et décide de le transformer en jardin de sculptures. Couverte de débris de toutes sortes et contaminée par l'essence de la station-service Irving qui l'a longtemps occupée, cette friche industrielle s'est ainsi transformée à partir de 1999 en un parc verdoyant hérissé d'une cinquantaine d'œuvres faites à partir de pièces métalliques de récupération pour la plupart issues de l'ancienne gare de triage d'Outremont. Aidé d'un horticulteur, Glen établit une liste de plantes et d'arbustes qui pourraient assainir le sol, des framboisiers, des fleurs sauvages, de la menthe…

Près de la voie ferrée, il installe une ruche pour favoriser la pollinisation de toute cette nouvelle végétation. Puis, tout à fait bénévolement et en catimini, souvent en fin de journée pour rester à l'abri des regards – d'où le nom de jardin du Crépuscule –, il commence à y installer ses sculptures. Animaux et plantes, fantastiques girouettes virant au gré du vent, enchâssement de roues et d'engrenages, certaines œuvres mesurent plus de 5 mètres et ne passent pas inaperçues. Interpellée par cette occupation illicite, la ville menace dans un premier temps de détruire l'espace pour se rendre vite à la raison et à l'acceptation de ce projet original. Aujourd'hui, les autorités municipales lui reconnaissent même une propriété morale du lieu. Se considérant comme un artiste « vert », Glen Le Mesurier poursuit aujourd'hui son travail d'artiste d'art public. Certaines de ses œuvres figurent, bien sûr, dans des collections privées, mais la plupart sont exposées dans des lieux accessibles au grand public comme à l'hôpital Douglas (voir page 183) ou plus récemment dans le square Cabot.

LE TEMPLE CAODAÏQUE DE MONTRÉAL

7161, rue Saint-Urbain
• Tél. 514 277-5450
• Métro : De-Castelnau
• Ouvert en particulier lors des célébrations du dimanche matin à partir
de 11 h 30

> *Une
> ancienne
> synagogue
> reconvertie*

L a belle maison jaune du 7161, rue Saint-Urbain, entre la rue Jean-Talon Ouest et l'avenue Mozart, dénote dans ce quartier plutôt gris d'entrepôts industriels.

Elle abrite depuis 1992 le temple caodaïque de Montréal, même si l'histoire de cet édifice est bien plus ancienne.

Le lieu fut d'abord une synagogue dont la construction débuta en 1910 dans ce quartier ouvrier de la ville, en grande partie peuplé par des immigrants italiens. Une petite minorité juive s'y installa, baptisant leur synagogue Poelei Zedek (littéralement « travailleurs pour la justice ») : plusieurs de ses membres employés comme menuisiers ou autres ouvriers travaillaient en effet pour l'important complexe ferroviaire tout proche.

À partir de la fin de la Seconde Guerre mondiale, la synagogue se vida de ses fidèles qui quittèrent le quartier pour s'installer dans l'ouest de l'île. À la

suite d'un incendie en 1988, elle dut même fermer et risqua d'être démolie.

Le bâtiment fut finalement sauvé et vendu à la communauté caodaïque (voir ci-dessous) vietnamienne qui ouvrit son temple en 1992. À l'intérieur, la décoration feutrée faite de boiseries et de rideaux laisse la place à une atmosphère lumineuse et colorée où les bancs ont été remplacés par des coussins. Les visiteurs sont les bienvenus lors des célébrations dominicales. Les caodaïstes sont accueillants et heureux de partager leurs traditions.

QU'EST-CE QUE LE CAODAÏSME ?

En vietnamien, Cao Dai signifie « la Haute Tour ou Palais élevé ». C'est également un nom symbolique faisant référence à Dieu le Père, l'être suprême. Né en 1921 dans la province de Tay Ninh au Vietnam, le caodaïsme est une religion qui emprunte beaucoup au bouddhisme. Elle regroupe actuellement environ cinq millions d'adeptes dans le monde. Les caodaïstes adorent Dieu, représenté par l'œil divin, mais également le Bouddha Sakyamuni, Lao-Tseu et Confucius. Les grands personnages de l'Histoire comme Victor Hugo, Jeanne d'Arc, Pasteur, Churchill, Lénine ou Shakespeare sont également vénérés.

LE PORTRAIT DE MUSSOLINI

Notre-Dame-de-la-Défense
6800, rue Henri-Julien, au coin de la rue Dante dans la petite Italie
• Métros : Jean-Talon et Beaubien

> ### Le Duce à cheval dans une église

De Boston à Vancouver, l'artiste Guido Nincheri a décoré plusieurs églises, dont celle de Notre-Dame-de-la-Défense, dans le quartier typique de la Petite Italie au nord du boulevard Saint-Laurent. Aux côtés des anges et des saints se trouve une figure inattendue : celle du Duce, Benito Mussolini.

L'histoire de cette fresque est intimement liée à celle de l'immigration italienne à Montréal. Entre 1901 et 1911, le nombre d'immigrants italiens passa de 1630 à 7013.

Dès 1910, ces nouveaux arrivants, très croyants, créaient la paroisse Notre-Dame-de-la-Défense, puis inauguraient l'église du même nom en 1919.

À partir de 1925, le consulat italien, sous la tutelle de l'Italie fasciste, décida d'orchestrer des opérations de propagande afin de faire grimper la popularité de Mussolini auprès de la communauté italienne outre-Atlantique. Le régime autoritaire voulait gagner de nombreux adeptes au Canada et exacerber leur patriotisme.

C'est dans ce contexte qu'ont été peintes certaines des fresques de l'église Notre-Dame-de-la-Défense. L'abside, réalisée entre 1930 et 1933 par Guido Nincheri, représente une scène pour le moins insolite, en rapport avec l'actualité de l'époque. On y reconnaît d'un côté le pape Pie XI et ses fidèles et en dessous, Mussolini représenté en grand apparat juché sur son cheval. Comment expliquer une telle fresque aujourd'hui choquante ? Le tableau honore en fait les accords du Latran, passés en 1929 entre le Saint-Siège et le gouvernement italien alors représenté par Mussolini, accords qui ont mené à la création de la cité du Vatican.

Avec l'entrée en guerre de l'Italie, en 1940, des milliers d'Italiens soupçonnés de sympathies avec le régime de Mussolini furent internés dans des camps militaires répartis sur le territoire canadien… Parmi eux, se trouvait l'artiste Guido Nincheri accusé d'être un sympathisant fasciste justement pour avoir peint Mussolini dans l'abside de Notre-Dame-de-la-Défense. Il ne resta enfermé que trois mois. Sa femme réussit en effet à le faire libérer en démontrant que le portrait du dictateur était en fait une demande des responsables de l'église et que son mari l'avait exécuté sous la contrainte, par crainte de perdre son contrat. À la suite de plaintes reçues à l'égard de l'inconvenance de la présence de l'image du dictateur dans un lieu de culte, Mussolini et ses soldats furent à cette époque recouverts avec du « papier brouillon » pendant sept années, jusqu'au mois de septembre 1947. On décida ensuite d'accepter le témoignage de cette période sombre dans l'histoire de l'Italie et de conserver la fresque telle que le visiteur de cette église de quartier peut encore la contempler en y prêtant attention.

LES SYMBOLES MUSSOLINIENS DE LA CASA D'ITALIA

⓭

505, rue Jean-Talon Est (angle avec la rue Berri)
• Tél. 514 271-2524
• Métro : Jean-Talon, sortie Berri

Une histoire mouvementée

L e bel édifice construit dans le style « Paquebot » (ou « Streamline Moderne ») au 505 de la rue Jean-Talon Est (non loin du marché), abrite le Centre culturel de la Petite Italie, dite Casa d'Italia, dont l'histoire connut de nombreux soubresauts.

Construite en 1936 par l'architecte Patsy (Pasquale) Colangelo, la Casa d'Italia fut longtemps le principal lieu de rassemblement et d'accueil des nouveaux immigrants en provenance d'Italie. Son architecture, dernière expression de l'Art déco, accentue les formes courbes et incurvées, met en avant de longues lignes horizontales et incorpore parfois quelques éléments empruntés à l'univers nautique comme des balustrades ou des hublots.

À l'époque, une cinquantaine de villes dans le monde possédaient leur Casa d'Italia. Celle de Montréal est pourtant une des seules dont le bâtiment d'origine a conservé sa mission d'origine. Et ce ne fut pas toujours facile. Durant la Seconde Guerre mondiale, elle fut séquestrée puis occupée par l'armée canadienne qui soupçonnait ses membres d'entretenir des liens avec le régime fasciste de Mussolini. Ce même régime totalitaire avait en effet financé une partie de sa construction en y apposant au passage quelques symboles mussoliniens. On retrouve les fameux faisceaux du régime dictatorial italien dans les sculptures apposées sur les éléments en pierre des murs extérieurs et sur le plancher de terrazo du premier étage.

Finalement, le centre rouvrit en janvier 1947, mais ce n'était pas la fin de ses déboires. Vingt ans plus tard, l'immeuble échappa de peu à la démolition lors de la construction de la station de métro Jean-Talon toute proche.

L'édifice était fait pour rester. À partir de 2009, il a même été entièrement restauré et agrandi lors de grands travaux qui l'ont transformé en un lieu de la mémoire de la communauté italienne et en un écomusée de l'immigration et de l'intégration à la société québécoise. Le bâtiment y a retrouvé son âme.

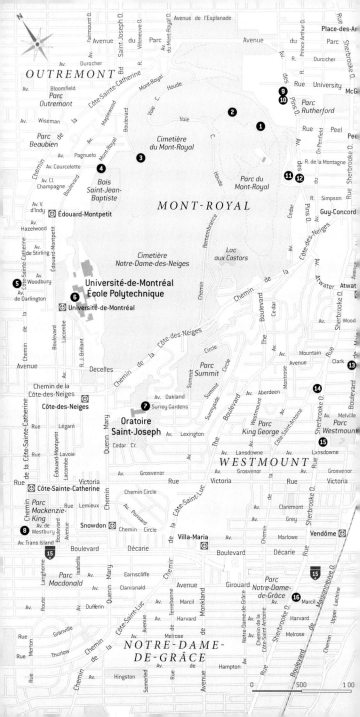

OUTREMONT

Av. Fairmount O.
Fairmount O.
Avenue du
Saint-Joseph O.
Villeneuve O.
Avenue de l'Esplanade
Rue
Place-des-Ar

Av. Durocher

Avenue du Parc
du
Parc
R.
Prince Arthur O.
Rue
Sherbrooke O.

Av. Bloomfield
Parc
Outremont

Av. Durocher
Rue University
McG

Av. Wiseman

Côte-Sainte-Catherine Bd
Mont-Royal
Houde
Voie C.

9
10
Parc
Rutherford

Parc de
Beaubien

Maplewood
Boulevard
Voie

Av. Pagnuelo
Cimetière
du Mont-Royal

Rue Peel
Peel

Chemin
Av. Courcelette
Mont-Royal
Av.

4

3

2
1

Dr-Penfield

Av. Cl. Champagne
Bois
Saint-Jean-Baptiste

Av. V. d'Indy
Édouard-Montpetit

Parc du
Mont-Royal

R. de la Montagne

Av. Hazelwood

Houde

11 **12**

sap

Av. de Stirling
Édouard-Montpetit

MONT-ROYAL

R. Simpson
Guy-Concord

Av. Woodbury

Cimetière
Notre-Dame-des-Neiges

Remembrance

Cedar

Pins O.

5
Av. de Darlington

Lac
aux Castors

Côte-des-Neiges

de

la

Av.

Atwater
Atwat

Boulevard
Lacombe

Université-de-Montréal
École Polytechnique

Chemin

de la
Boulevard
Cedar
Sherbrooke O.
Wood

R. J. Brillant

6
Université-de-Montréal

Av.

The

Av. Mountain
Avenue

Clark

13

Decelles

Chemin de la
Côte-des-Neiges

Côte-des-Neiges

de la
Côte-des-Neiges
Circle
Summit

Parc
Summit
Circle
Summit

Av. Aberdeen
Montrose

Rue

14

Rue Légaré

Av. Oakland
7 Surrey Gardens

Sunnyside

Av. Westmount

Av. Saint-Antoine

Sherbrooke O.

Boulevard

Queen Mary

Rue Lavoie
Lacombe
Édouard-Montpetit

Oratoire
Saint-Joseph
Av. Lexington

The
Boulevard

Parc
King George

Av. Melville
Parc
Westmount

15

Rue Victoria
Côte-Sainte-Catherine

Cedar Cr.

Av.

Av. Lansdowne

Lansdowne

Grosvenor

Parc
Mackenzie-King

Rue Lemieux

Av. Grosvenor

Rue

Victoria

WESTMOUNT

Rue

Grosvenor
Victoria

8
Av. de Westbury
Boulevard

Chemin Circle

Av. Ponsard

Claremont

Grey

Rue

Av. Trans Island

Snowdon

Chemin Circle

Villa-Maria

Av.

Marlowe

Vendôme

15

Boulevard

Décarie

Boulevard

Décarie

Maisonneuve O.

Langhorne

Parc
Macdonald

Av. Isabella

Earnscliffe

Av.

Clanranald

Avenue

Marcil

Queen Mary
Côte-Saint-Luc
Monkland

de la
Côte-Saint-Antoine

Parc
Notre-Dame-de-Grâce

Av. Girouard

Marcil

16

Av. Route

Av. Dufferin

Côte-Saint-Luc

de la

Terrebonne

Marcil

Harvard
de

Notre-Dame-de-Grâce
Chemin de la
Côte-Saint-Antoine

Harvard

Sherbrooke O.

Boulevard

Granville

de

Avenue

Melrose

Chemin

Rue Merton

Rue Thurlow

Hingston

Somerled

NOTRE-DAME-
DE-GRÂCE

Av.

de

Hampton

Rue

Boulevard
Upper Lachine

0   500   100

LE MONT-ROYAL, OUTREMONT, WESTMOUNT, NDG

LE BELVÉDÈRE CACHÉ DU MONT-ROYAL   ❶

Accès montant : par le sentier qui part de l'avenue des Pins et du Redpath-Crescent un peu à l'ouest de la rue Peel
Accès descendant : face à la ville, depuis la gauche du chalet du belvédère Kondiaronk

Rien que pour vos yeux

Impossible de visiter Montréal sans apercevoir le mont Royal. Il est visible de partout, des faubourgs chics de Westmount ou d'Outremont, des rues du Plateau Mont-Royal aux gratte-ciel du centre-ville…

Dans le cœur des habitants, il est beaucoup plus qu'une montagne, c'est un symbole, celui d'une ville et d'une population qui ont su se préserver du développement urbain. Pourtant, les Montréalais ou les touristes qui ont eu le temps et l'envie de découvrir le mont Royal dans sa totalité sont peu nombreux. La plupart des visiteurs se contentent d'atteindre son sommet en s'arrêtant sur le stationnement de la voie Camillien-Houde avant de se rendre au belvédère Kondiaronk. Ils connaissent le lac aux Castors et sa patinoire hivernale, mais bien peu ont arpenté les multiples sentiers de cette petite montagne qui cachent parfois d'agréables surprises. C'est la balade que nous vous proposons. En partant du chalet du parc, un sentier étroit part vers l'est, longe la pente escarpée et, en quelques centaines de mètres, conduit à un petit belvédère naturel dont le seul aménagement consiste en une barrière de métal pour protéger du vide. D'ici, la vue sur la ville est quasiment la même que celle du belvédère Kondiaronk mais elle est nettement plus romantique car vous avez la chance de l'avoir pour vous seul. L'hiver, l'accès est un peu plus difficile, mais le paysage est encore plus grandiose. En version plus sportive, on peut également rejoindre ce petit promontoire en gravissant les 256 marches du grand escalier de bois qui part de l'avenue des Pins au niveau de la rue Peel.

LE MÊME ARCHITECTE QUE CENTRAL PARK À NEW YORK

Inauguré le 24 mai 1876, jour de l'anniversaire de la reine Victoria, le parc du mont Royal a été dessiné par l'architecte paysagiste Frederick Law Olmsted, qui conçut auparavant le célèbre Central Park de New York.

LE POINT CULMINANT DE LA VILLE

L'observatoire au sommet de l'oratoire Saint-Joseph, d'où l'on embrasse du regard l'ensemble de la ville, est le point culminant de l'île de Montréal à 263 mètres de hauteur.

LE CARILLON DE LA TOUR EIFFEL

Dans l'oratoire, le carillon de la fonderie Paccard et Frères avec ses 56 cloches de bronze était à l'origine destiné à la tour Eiffel à Paris.

L'HISTOIRE OUBLIÉE DE LA CROIX LUMINEUSE DU MONT-ROYAL
UNE TOUR ÉRIGÉE GRÂCE À DES TIMBRES

Noël 1642. Le fort de Ville-Marie, érigé au printemps, risque l'inondation. Une forte crue menace d'anéantir la fragile construction, qui ne résistera pas aux eaux du Saint-Laurent. Paul de Chomedey, sieur de Maisonneuve, prie alors la Sainte Vierge d'épargner sa nouvelle colonie et promet de planter une croix au sommet du mont Royal si son vœu est exaucé. Ce sera le cas, et le 6 janvier 1643, jour de l'Épiphanie, le gouverneur de Montréal porte lui-même la croix promise et l'érige sur la cime de la montagne. Un vitrail de l'église Notre-Dame illustre cette ascension épique sur le mont Royal.

En 1874, pour souligner son 40e anniversaire, la fondation de la Société Saint-Jean-Baptiste avance l'idée d'une nouvelle croix en souvenir de celle de Maisonneuve. Il faudra attendre cinquante ans pour que le projet se réalise. Pour réunir des fonds, 104 200 bénévoles (4 200 adultes et 100 000 élèves du Québec) vendent des timbres à l'effigie de la croix du Mont-Royal. Grâce à ces timbres vendus 5 cents chacun, 10 000 $ sont collectés. Les travaux de construction débutent le 16 mai 1924. Le 24 décembre de la même année, pour la première fois, la croix illumine le ciel de Montréal. En 2009, d'importants travaux de rénovation donnent un coup de jeune à l'édifice.

AUTRES ÉLÉMENTS MÉCONNUS DE LA CROIX LUMINEUSE

Avec ses 31 mètres de haut (103 pieds), la croix culmine à 252 mètres et est visible à 80 km de distance.

Sa structure d'acier pèse 26 tonnes.

La couleur des ampoules change lors d'événements spéciaux. De blanche, elle passe au pourpre pour souligner la mort d'un pape ou d'un roi. La couleur jaune indique un couronnement.

Tournée vers l'est, la croix marque l'appropriation symbolique de la ville par les francophones.

En 1988, Hans Marotte, un étudiant souverainiste, avait escaladé la croix pour y accrocher une immense banderole dédiée à la défense de la Charte de la langue française (communément appelée la loi 101). Un geste qui lui avait valu une notoriété instantanée d'un bout à l'autre du pays.

L'ARBORETUM DU CIMETIÈRE MONT-ROYAL ❸

Entrée : 1297, chemin de la Forêt, Outremont (au bout de la route dans le prolongement du boulevard du Mont-Royal prolongeant lui-même l'avenue du Mont-Royal)
- Tél. 514 279-7358
- Métro Édouard-Montpetit

Un concentré de nature

À Montréal, tout le monde connaît les deux grands cimetières Notre-Dame-des-Neiges et Mont-Royal accrochés aux flancs de la montagne. On ignore souvent, en revanche, que le cimetière Mont-Royal abrite un arboretum rassemblant plus de 100 essences d'arbres et qu'il est fréquenté par 145 espèces d'oiseaux.

La mise en chantier du cimetière Mont-Royal débute en 1852. À cette période, les différentes nécropoles de la ville sont saturées et il faut trouver de nouveaux terrains. Selon les plans des paysagistes américains James Sidney et James P. W. Neff, le nouveau lieu d'inhumation est créé dans l'esprit romantique des cimetières dits « ruraux » du XIXᵉ siècle.

Le cimetière Mont-Royal est aménagé en une succession de terrasses qui épousent les contours naturels de la montagne. On s'y promène comme dans un grand jardin de 66 ha (165 acres). À l'entrée, au 1297, chemin de la Forêt, il faut demander la carte indiquant les endroits précis des différents feuillus et conifères. À chaque arbre placé sur cette carte correspond sur place une plaque informative indiquant ses noms commun et latin. De plus, des visites guidées par des naturalistes sont organisées en particulier au printemps et à l'automne quand le parc déploie toute sa beauté.

Chaque année, de nouveaux arbres et arbustes sont plantés, augmentant d'autant la richesse de l'arboretum. Une telle diversité boisée attire naturellement une grande variété d'oiseaux et de nombreux migrateurs s'y arrêtent au printemps et en été, des hirondelles bicolores et des merles bleus faisant ainsi leur nid dans des nichoirs installés par le personnel. Parmi les espèces qui nichent au cimetière, on retrouve le petit duc, le geai bleu, le merle d'Amérique, les mésanges, les moqueurs, le pioui de l'est…

Le sommet de la montagne, outre sa vue panoramique, est l'endroit idéal pour observer le vol des faucons. On oublierait presque que sont enterrées ici plus de 200 000 personnes.

LE BOISÉ SAINT-JEAN-BAPTISTE

Le sentier du bois Saint-Jean-Baptiste débute à l'extrémité ouest du boulevard Mont-Royal (au niveau du 1344) dans le prolongement de la rue Courcelette
- Randonnée pédestre d'environ 1,5 km aller-retour
- Métro Édouard-Monpetit

L'oublié du mont Royal

L e boisé Saint-Jean-Baptiste, situé sur le versant nord du mont Royal, doit son nom aux cortèges funéraires qui, au XIXᵉ siècle, passaient dans ce petit bois depuis la paroisse Saint-Jean-Baptiste, pour se rendre au cimetière Notre-Dame-des-Neiges. Partant du quartier huppé des hauteurs d'Outremont, il serpente encore tranquillement vers un des sommets de la montagne qui culmine à 211 mètres. De là, la vue est hélas cachée par les arbres. Cependant, un promontoire surplombant l'université de Montréal offre un panorama impressionnant sur le nord de Montréal et la région jusqu'au contrefort des Laurentides. Le cimetière Notre-Dame-des-Neiges, propriétaire et gardien de ce petit bois de 9,77 hectares, l'a toujours protégé des nombreuses velléités de développement. Riche en biodiversité, réputé pour sa forêt de chênes, le boisé Saint-Jean-Baptiste abrite une petite colonie d'ail des bois, probablement la dernière du mont Royal.

Bien qu'elle soit ouverte au public, cette partie de la montagne reste encore méconnue et uniquement fréquentée par les promeneurs avertis et les amateurs de vélo de montagne. Bientôt, un nouveau parc verra le jour sur ce versant nord. Il englobera les boisés actuels de Saint-Jean-Baptiste et celui de l'université de Montréal. Après celui du mont Royal créé en 1876 et le parc Summit sur le versant ouest en 1940, le parc du « troisième sommet » couvrira 23 hectares.

Une fois les travaux d'aménagement terminés, il deviendra une composante majeure du chemin de ceinture qui, avec une boucle de 10 km dédiée à la marche et au vélo, fera le tour de la montagne. En attendant, on peut encore profiter de l'intimité du boisé Saint-Jean-Baptiste et de son secret bien gardé.

AUX ALENTOURS

L'AVENUE MAPLEWOOD

Surnommée « l'avenue du pouvoir », de nombreux personnages influents du Québec ayant habité ou résidant toujours dans ces maisons cossues accrochées à la colline d'Outremont, l'avenue Maplewood possède quelques belles constructions, comme les maisons jumelées aux numéros 47 et 49 qui, datant de 1906, sont les plus anciennes de la rue. On remarquera aussi au n° 41 la maison Corbeil, un petit château qui évoque les manoirs français de la Renaissance, puis au n° 77 un bel exemple de maison coloniale américaine. Entre les avenues Springgrove et Pagnuelo, se démarquent la colossale résidence de Sévère Godin (n° 153), les maisons des numéros 159 et 161 d'inspiration anglaise et enfin au n° 190, la résidence moderne de l'ancien Premier ministre Robert Bourassa.

LE COUVENT SAINT-ALBERT-LE-GRAND ❺

2715, chemin de la Côte-Sainte-Catherine
• Métro : Université-de-Montréal

> *Un rare exemple d'architecture moderne au Québec*

La haute silhouette de sa tour ajourée capte le regard lorsque l'on circule sur le chemin de la Côte-Sainte-Catherine. En s'approchant, deux grandes croix vertes trahissent un monument religieux. Construction de l'architecte québécois Yves Bélanger, le couvent dominicain Saint-Albert-le-Grand est sans conteste sa réalisation la plus remarquable. Inauguré en 1960, période d'un renouveau architectural religieux, l'ensemble conventuel est un rare exemple d'architecture moderne au Québec. Il est composé de trois volumes principaux disposés en triangle autour d'un cloître. La chapelle et son clocher font face au chemin de la Côte-Sainte-Catherine, le noviciat borde la rue tandis que l'aile privée du monastère unit, en diagonale, les deux premiers volumes.

L'ensemble est composé de blocs de béton brut apparent et de briques jaunes, une ornementation dépouillée qui laisse place à la lumière. L'intérieur de l'église surprend par ses formes géométriques et ses carreaux de verre coloré qui sculptent la lumière.

En 1954, lorsque les pères dominicains achètent une partie du terrain du Montréal Hunt Club, un club de chasse à courre, ils veulent s'installer à proximité de l'élite intellectuelle de l'université de Montréal toute proche, respectant ainsi leur tradition séculaire de diffusion de la foi et du savoir. À son inauguration, le couvent sert de lieu d'enseignement où les étudiants sont pensionnaires et il accueille une centaine de religieux. Aujourd'hui, une partie des lieux loge toujours les pères dominicains, le reste étant subdivisé et loué, notamment par le Bureau international des droits des enfants.

Albrecht von Bollstädt, connu sous le nom de saint Albert le Grand (1193-1280), fut un religieux, philosophe, naturaliste et alchimiste germanique du Moyen Âge. Professeur de renom, il enseigna entre autres à Paris, à saint Thomas d'Aquin. Entré dans l'ordre des Dominicains à Padoue en 1223, il voyagea à travers l'Europe toute sa vie et mourut à l'âge avancé pour l'époque de 87 ans. Il fallut attendre 1931 pour qu'il soit canonisé par le pape Pie XI.

LE MUSÉE EUDORE-DUBEAU DE MÉDECINE DENTAIRE

Faculté de médecine dentaire de l'université de Montréal
Pavillon Roger-Gaudry – Entrée B-1
2900, boulevard Édouard-Montpetit
• Visite sur rendez-vous au 514 343-6111 poste 2877
• Entrée gratuite
• Métro : Université-de-Montréal

> **Un véritable cabinet de curiosités**

L e musée Eudore-Dubeau de médecine dentaire est probablement le musée le plus hétéroclite et l'un des plus divertissants et intéressants de Montréal. Il se cache dans le pavillon de médecine dentaire de l'université de Montréal.

Faute de moyens, il n'a pas d'horaires fixes, mais son directeur le Dr Denys Ruel ou un de ses assistants se feront une joie de vous y accueillir pour une visite guidée.

La visite de ce petit local encombré de près de 3 000 objets se révèle passionnante. D'emblée, le visiteur est mis dans le bain par un magnifique fauteuil d'arracheur de dents, le type même de fauteuil qui fut utilisé jusque dans les années 1950 par de pseudo-dentistes qui officiaient le dimanche en plein air, à la sortie de l'église. Il en coûtait alors 25 cents pour se faire enlever une dent… sans anesthésie !

On croise ensuite pêle-mêle une collection d'instruments, crachoirs et autres appareils à anesthésie et radiographie dont certains font frissonner. De très nombreuses gravures, des photos et des caricatures retracent l'itinéraire de la médecine dentaire et ses progrès à travers les décennies. Dans une des armoires est aligné un assortiment de crânes humains qui proviennent du Centre d'étude sur la croissance humaine de l'université qui a fermé ses portes

en 1986. Les crânes ont été sauvés par un concierge qui les a retirés *in extremis* de la poubelle.

Une des plus belles pièces du musée, selon le Dr Ruel, est l'exemplaire en deux tomes de Pierre Fauchard *Le Chirurgien dentiste, ou Traité des dents* publié en 1728, car il n'en existe plus que onze dans le monde.

Ce cabinet de curiosités dédié au monde dentaire est à découvrir absolument par les passionnés et les curieux. Il rend hommage au Dr Eudore Dubeau, le créateur de l'école de chirurgie dentaire de Montréal en 1904.

LE JARDIN SECRET DE L'ORATOIRE

Oratoire Saint-Joseph-du-Mont-Royal
3800, chemin Queen-Mary
• Tél. 514 733-8211
• Métro : Côte-des-Neiges

> *Le calme
> au-dessus
> du brouhaha
> de la ville*

Si de nombreux Montréalais n'ont jamais mis les pieds dans l'édifice religieux le plus célèbre de la ville, ils sont encore moins nombreux à s'être rendus dans les jardins attenants, dits du chemin de Croix. On y accède par un sentier qui débute à mi-pente de la colline de l'oratoire Saint-Joseph au 3800, chemin Queen-Mary.

Lieu propice au recueillement et à la méditation, ce magnifique jardin a été dessiné par Frederick G. Todd, celui là même qui conçut l'aménagement du Mont-Royal et du parc des Plaines d'Abraham à Québec. Les 17 ensembles de sculptures qui ornent ce chemin de Croix grandeur nature ont été créés dans le plâtre par le sculpteur montréalais Louis Parent, qui y consacra dix ans de sa vie, entre 1943 et 1953. Elles ont été sculptées dans la pierre naturelle de l'Indiana (États-Unis) et dans le marbre de Carrare (Italie) par Ercolo Barbieri.

Inauguré en 1951, quatorze ans après la mort du frère André, il concrétisait le rêve du saint homme d'offrir aux pèlerins un lieu privilégié pour la prière et la méditation tout en s'imprégnant du mystère de la Passion du Christ. Aujourd'hui, croyants et non-croyants peuvent profiter du calme de ce lieu unique qui serpente à flanc de colline au-dessus du brouhaha de la ville.

LE CŒUR D'AUSCHWITZ

Centre commémoratif de l'Holocauste à Montréal
5151, chemin de la Côte-Sainte-Catherine
• Métro : Côte-Sainte-Catherine
• Ouvert du dimanche au vendredi
• 8 $ pour les adultes, 5 $ pour les étudiants et les plus de 65 ans
• Tél. 514 345-2605 • www.mhmc.ca

« *Liberté, Liberté, Liberté* »

C'est l'histoire d'un tout petit cœur qui bat au sein d'un lieu dédié à la mémoire de l'holocauste juif de la Seconde Guerre mondiale.

À peine plus gros qu'un caillou, en forme de cœur, il ressemble à un petit livre dont la couverture en tissu est brodée de la lettre « F ». L'intérieur se déplie à la manière d'un origami et une dizaine de pages apparaissent…

Le 12 décembre 1944, c'est l'anniversaire de Fania Feiner (née Landau) : elle a 20 ans et est prisonnière en Pologne du sinistre camp d'Auschwitz. Dans la fabrique de munitions où elle travaille, son amie Zlatka Pitluk (née Schneiderhaus) veut lui offrir un cadeau. Dans cet univers carcéral où rien n'est accessible, elle réussit à force d'ingéniosité et de persévérance à trouver le papier, le tissu et les outils pour confectionner ce petit cœur qu'elle fera signer par la plupart de la vingtaine des femmes qui travaillent comme elle avec Fania. Elles y inscriront des messages d'amitié et d'espoir écrits dans leur langue respective : polonais, allemand, français, hébreu. Parmi les messages : « Avec les autres, il faut rire. Quand tu pleures, cache-toi » ou encore : « Notre victoire, ce sera de ne pas mourir. » Et le préféré de Fania : « Liberté, Liberté, Liberté ».

Au péril de sa vie et usant de tous les subterfuges, Fania conservera le petit cœur sous son bras durant toute la fin de sa détention et la terrible « marche de la mort » qui la conduira d'Auschwitz alors évacué vers le camp de Ravensbrück où les femmes rescapées seront enfin libérées en avril 1945.

Après l'avoir gardé près d'un demi-siècle, Fania Feiner en fera don au centre de Montréal où il se trouve aujourd'hui. En enfer, ces femmes courageuses ont commis un délit d'humanité dont la force parvient jusqu'à nous.

AUX ALENTOURS

LA SYNAGOGUE ESPAGNOLE ET PORTUGAISE (SHEARITH ISRAEL)

4894, avenue Saint-Kevin • Métro : McGill ou Peel

Première synagogue de la ville en 1768, la synagogue espagnole et portugaise est l'une des plus belles de Montréal. Au départ installée dans le Vieux-Montréal entre les rues Notre-Dame et Saint-Jacques, elle déménagea quatre fois au fil des siècles pour se retrouver depuis 1947 dans le quartier Snowdon.

LA PISCINE DE L'HÔPITAL ROYAL VICTORIA

Dans l'enceinte de l'hôpital
687, avenue des Pins Ouest
• Métros : McGill ou Peel
• Entrée : 5 $

*Un secret
bien gardé*

Tout bonheur se mérite. Pour découvrir la piscine extérieure de l'hôpital Royal Victoria, il faut traverser les longs stationnements du complexe hospitalier du Royal Victoria. Quelques dizaines de marches d'un escalier qui aurait besoin de prendre un coup de jeune et l'on arrive au milieu d'une oasis de verdure. D'un côté, le parc du Mont-Royal, de l'autre, une vue magnifique sur la ville et ses gratte-ciel. Un secret bien gardé par les amateurs de baignade au calme.

Si officiellement cette piscine est réservée en priorité aux employés de l'hôpital et de l'université McGill toute proche, elle est en réalité ouverte au public « lorsqu'il y a de la place », moyennant un prix d'entrée de 5 $. Le jour de notre visite, par un bel après-midi du mois d'août, il n'y avait que quelques personnes, heureuses de profiter de cette baignade presque privée.

TROIS AUTRES PISCINES EXTÉRIEURES

Montréal est la métropole d'Amérique du Nord qui compte le plus de piscines extérieures. On en compte 74, soit une piscine pour 22 500 habitants. En dehors de la piscine discrète du Royal Victoria, en voici trois autres, moins cachées, mais très agréables à découvrir.

Le complexe aquatique de l'île Sainte-Hélène, au cœur du parc Jean-Drapeau. Tél. 514 872-2323 www.parcjeandrapeau.com

On y trouve une piscine de compétition, un bassin de plongeon et une piscine récréative. Tous les samedis, les enfants peuvent jouer avec d'immenses structures gonflables atteignant 15 mètres de haut. 3 $ pour les enfants de 3 à 13 ans, 6 $ pour les plus grands, 15 $ pour une famille.

La piscine du village Pointe-Claire, parc Bourgeau 5, avenue Sainte-Anne, Pointe-Claire. Tél. 514 694-5966

Située dans un grand parc où l'on peut pratiquer plusieurs sports, elle offre une vue sur la jolie marina du lac Saint-Louis. 3 $ par enfant, 5 $ par adulte et 15 $ par famille.

La Natatorium de Verdun, 6500, boulevard LaSalle. Tél. 514 765-7230

Édifice de style Art déco, inauguré en juillet 1940, le Natatorium était non seulement considéré comme la plus grande piscine publique extérieure du Québec, mais ce fut aussi la plus grande au Canada pendant plusieurs années. Le Natatorium possède une capacité de 1 150 baigneurs et, en 2005, une pataugeoire chauffée d'une capacité de 250 enfants est venue s'ajouter au complexe.

Enfants (de 6 à 17 ans) : 1 $, adultes : 2 $, moins de 6 ans : gratuit.

LA TÊTE DE CHEVAL
DE LA MAISON RAVENSCRAG

⑩

Hôpital Royal Victoria
1025, avenue des Pins Ouest (au croisement avec la rue McTavish)
• Métros Mc-Gill ou Peel

Un ancien lieu de recherche secret et illégal de la CIA

Au milieu du XIXe siècle, la colline du Mont-Royal est entourée de pâturages, de vergers et de grandes maisons bourgeoises appartenant aux riches familles de l'époque. Parmi elles, sir Hugh Allan, un homme d'affaires prospère ayant fait fortune dans le transport maritime, la banque et l'industrie naissante du téléphone. Entre 1861 et 1863, il confie aux architectes Victor Roy et John Hopkins la construction d'une somptueuse demeure dans ce luxueux quartier qu'on appellera plus tard le « Mille carré doré ». Il lui donne le nom de Ravenscrag en souvenir d'un château écossais (appelé Ravenscraig) qui l'a fortement impressionné au cours d'un de ces voyages.

Bâtie dans un style mêlant Renaissance italienne, néoclassicisme et architecture médiévale écossaise, cette résidence a connu un destin singulier. Dès le début, elle se distingue par son originalité puisqu'elle comptait 34 pièces, toutes décorées dans un style différent. Sa façade asymétrique dominée par une imposante tour rectangulaire dominait la ville du haut de la rue McTavish. Dans le parc de 14 âcres (5,6 ha), la famille Allan, passionnée par les chevaux, fit également construire une des plus belles écuries du quartier. On peut encore en admirer l'entrée surmontée d'une tête de cheval sculptée dans la pierre.

En 1940, les héritiers de sir Hugh Allan font don de Ravenscrag à l'hôpital Royal Victoria qui la rebaptise en 1943 maison de l'Institut psychiatrique Allan Memorial. La maison connaît alors une funeste période. Entre 1956 et 1963, sous la direction du Dr Ewen Cameron, l'établissement psychiatrique sert de centre d'expérimentation pour un programme de recherche secret et illégal de la CIA américaine portant le nom de code MK-ULTRA. Ces recherches dignes du Dr Mengele visaient à manipuler mentalement des personnes et à contrôler leur comportement. On infligeait aux patients atteints de maladie mentale des lavages de cerveau notamment en leur injectant des substances psychotropes comme le LSD ou en leur faisant subir des séances massives d'électrochocs.

LA RUE REDPATH-CRESCENT ⓫

• Métro Peel

*Une rue
unique
du centre-ville*

Située au nord de l'avenue des Pins sur le flanc sud du mont Royal, entre les rues Drummond et de la Montagne, la rue Redpath-Crescent est une impasse au tracé sinueux bordée d'opulentes maisons dont certaines sont de vrais petits châteaux.

La proximité du parc qui jouxte le jardin de certaines maisons ajoute au côté prestigieux de cet endroit caché du Mille carré doré. Plus récentes que la plupart des constructions du fameux quartier de la bourgeoisie anglophone montréalaise construites à partir de 1850, les maisons de la rue Redpath-Crescent ont été érigées de la fin des années 1910 au début des années 1930.

Dans les années 1960 et 1970, quelques demeures plus modernes se sont ajoutées, mais l'ensemble architectural revêt un caractère unique du fait de son caractère luxueux. Ici les prix les plus bas dépassent le million de dollars pour les maisons « modestes » et les cinq millions de dollars pour les plus belles résidences disposant souvent de grands jardins et d'une vue imprenable sur la ville.

Parmi les maisons à ne pas manquer :
• Au **n° 1245**, la maison William Robert Grattan Holt datant de 1927
• Au n° **1260**, la maison Herbert Meredith Marler (1915)
• Au **n° 1296**, la maison Ross Huntington McMaster (1929)
• Juste à côté, c'est dans la maison du n° 1297 que le diplomate britannique James Richard Cross fut enlevé par des hommes armés du Front de libération du Québec (FLQ) le 5 octobre 1970, précipitant le pays dans la crise.
• Au **n° 1328**, la maison de Francis Stuart Molson, de la famille de la brasserie Molson (1930), est probablement une des plus impressionnantes.
• Au **n° 1410**, la maison John R. Mc Dougall date de 1928. L'architecte A.T. Galt Durnford a gagné un prix d'architecture pour sa construction.

LE HAUT-RELIEF DE LA MUSE DE LA MAISON CORMIER

1418, avenue des Pins Ouest
● Métros : Peel ou Guy-Concordia

> **Deux maisons originales avenue des Pins**

La maison Cormier a été dessinée en 1930 par l'architecte Ernest Cormier pour son propre usage. Véritable laboratoire architectural, l'édifice comporte un style différent sur trois de ses côtés : Art déco en façade, monumental à l'est et moderniste à l'arrière. L'architecte créa également la majorité des meubles de la maison, les autres pièces du mobilier étant des acquisitions effectuées à l'Exposition des Arts décoratifs de Paris de 1925. L'utilisation du béton armé dans un bâtiment résidentiel étant en outre très innovante pour l'époque.

Construite également sur un terrain fortement incliné, elle compte un étage en façade et quatre à l'arrière. On remarquera au-dessus de la porte d'entrée le haut-relief d'une muse supportant la tour centrale de l'université de Montréal, l'œuvre maîtresse de l'architecte qui habita cette maison jusqu'en 1975. Par la suite, elle devint la propriété du designer montréalais Denis Robert. À partir de 1980, elle fut ensuite la résidence de Pierre Elliott Trudeau, Premier ministre du Canada. Le célèbre homme politique y résidera jusqu'à son décès en 2000. De nombreux Montréalais appellent d'ailleurs aujourd'hui cette maison la maison Pierre Elliot-Trudeau.

Elle fut classée monument historique par le gouvernement du Québec en 1974.

AUX ALENTOURS :

LA MAISON CLARENCE-DE-SOLA
1374, avenue des Pins Ouest

La maison Clarence de Sola a été construite en 1913 pour le fils d'Alexander Abraham de Sola, rabbin et professeur à l'université McGill, dont le fils fit carrière en tant qu'homme d'affaires et fut même un temps consul de Belgique à Montréal. Rendant hommage aux racines espagnoles de la famille, cette grande demeure bourgeoise s'inspire de l'architecture mauresque notamment au niveau de la toiture, du portail d'entrée et des fenêtres cintrées de sa façade. Petite particularité : la maison étant située à flanc de montagne, elle compte huit étages sur son côté sud (dans le prolongement de l'avenue du Musée) alors qu'elle n'en compte que quatre sur l'avenue des Pins.

L'histoire de l'avenue des Pins est intéressante. Entre 1859 et 1861, les religieuses hospitalières déménagent l'hôpital de l'Hôtel-Dieu alors dans le Vieux-Montréal sur la rue Saint-Urbain où il se trouve encore. Trois ans après, en 1864, elles cèdent à la ville une voie privée qui longe l'hôpital, connue alors sous le nom de rue de l'Hôtel-Dieu. En 1875, Frederik Law Olmsted, chargé de dessiner les plans du parc du Mont-Royal, prévoit une ceinture à la base de la montagne. Trois voies seront ouvertes auxquelles on donne des noms d'arbres, en anglais, selon l'usage de l'époque : Elm, Cedar et Pine. La rue de l'Hôtel-Dieu sera intégrée dans la Pine, avenue officiellement francisée en 1961 sous le nom de rue des Pins. Aujourd'hui, l'avenue des Pins part de la rue Saint-Denis et ceinture toujours une bonne partie du versant sud du mont Royal.

LES LIONS DE SAINT-LÉON

Église Saint-Léon
4311, boulevard de Maisonneuve Ouest
Intersection avec la rue Clarke
• Tél. 514 935-4950
• Métro : Atwater
• Visites guidées de l'église et de ses chefs-d'œuvre les premiers et
troisièmes lundis de chaque mois à 13 h

*L'inspiration
florentine*

Si au 4311, boulevard de Maisonneuve Ouest, l'église Saint-Léon reste méconnue des Montréalais, elle surpasse pourtant par la variété de sa décoration intérieure tout ce que l'on peut admirer dans les églises montréalaises.

Elle fut la première église catholique destinée aux francophones de la ville de Westmount. Si sa façade de style néoroman n'a rien d'exceptionnel, elle séduit pourtant par sa sobriété, ses belles proportions et son puissant campanile. Les curieux qui prendront la peine de gravir son parvis seront plus que récompensés : l'intérieur recèle en effet un décor d'une somptuosité qui laisse pantois.

Une fois passée la zone en clair-obscur du narthex tamisé par des vitraux latéraux, on pénètre dans la nef et les yeux s'écarquillent : en 1928, le curé Gauthier a confié l'ensemble de la décoration de son église à l'artiste en vogue à cette période, Guido Nincheri, qui réalisera là son chef-d'œuvre. Il dressera le plan de décoration et réalisera lui-même les fresques, les vitraux et les dessins des autres éléments ornementaux. Pour réaliser les travaux d'ébénisterie, les sculptures en bois, l'autel, les différents ameublements, les mosaïques, les marbres et les bronzes, il se fera assister par plusieurs confrères d'origine italienne comme lui. Ce chantier gigantesque s'étendra de 1928 à 1957.

Il ne faut surtout pas manquer dans les deux bras du transept les mosaïques de Florence en marbre. À l'aide de la technique de la « pietra dura » (pierre dure), l'artiste joue sur les nuances de couleur et des veines de la pierre pour copier au plus juste le dessin original. Les deux lions rappelant le pape saint Léon, mais aussi les colombes de la paix et le blé et le raisin, produits de la terre nourricière, apparaissent ainsi presque en relief.

En levant la tête, on sera surpris de découvrir les couleurs nettes et brillantes des fresques dues à une technique ancienne employée par Nincheri : la technique du « buon fresco » ou fresque sur plâtre humide. Le peintre applique ses pigments purs, détrempés à l'eau, directement sur la surface fraîchement enduite à la chaux. Les couleurs se fixent dans cette surface et deviennent insolubles dès qu'elle a séché, d'où la nécessité d'agir prestement.

LE BOULINGRIN DE WESTMOUNT

401, avenue Kensington, coin Sherbrooke
• Tél. 514 989-5532
• Métro Atwater
• Cotisation annuelle de 50 à 200 $

So scottish !

Peu de bruit venant de la rue, pas de musique, un silence à peine troublé par le choc des boules et les consignes à voix feutrée des joueurs qui évoluent sur la pelouse d'un vert si vif et parfait qu'on la croirait artificielle…

Le boulingrin de Westmount est un voyage dans le temps. Traduction de bowling green, en référence au terrain gazonné sur lequel il est pratiqué, ce sport plus connu mondialement sous le nom de lawn bowling est arrivé au Québec en 1902 dans les bagages d'un immigrant écossais, James Brown. Ce dernier avait déjà fondé vingt-huit ans auparavant dans son pays natal la Scottish Lawn Bowling Association. Le club de Westmount sera le premier au Québec.

En 1903, il ne comptait que 23 membres. Les 70 membres d'aujourd'hui sont pour la plupart âgés de 50 à 70 ans.

Ce jeu, qui s'apparente à la pétanque, mais se joue avec un jack en guise de cochonnet, se distingue également par la forme des boules. Les boules de boulingrin (bowls en anglais) ne sont pas sphériques, mais légèrement écrasées aux deux pôles. De plus, leur forme est asymétrique, c'est-à-dire qu'un des pôles est plus écrasé que l'autre. Cette caractéristique leur donne une trajectoire elliptique, particulièrement marquée lorsque leur vitesse est

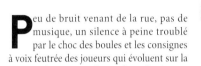

faible. Pour atteindre la cible, le joueur doit donc doser sa force et sa ligne de tir. Chaque boule pèse environ 1,5 kg.

Autrefois considéré comme le sport de la bonne noblesse britannique, le boulingrin à Montréal a toujours été ouvert à tous même s'il est resté de nombreuses années un établissement dominé par les hommes. Les dames y étaient admises seulement le samedi après-midi… pour servir le thé. Ce n'est qu'en 1935 que les femmes furent acceptées dans le club et il fallut attendre encore cinq ans pour voir des équipes mixtes.

L'actuel clubhouse et sa pelouse ne sont que les répliques quasi identiques des installations d'origine. Entièrement détruit en 1996, le club a en effet été reconstruit l'année suivante après qu'on y eut installé une station électrique souterraine.

LES SERRES VICTORIENNES DE WESTMOUNT ⓯

4574, rue Sherbrooke Ouest
- Métros : Atwater ou Vendôme
- Ouvert du lundi au vendredi de 10 h à 21 h (après 15 h, entrée par la bibliothèque), week-end et jours fériés de 10 h à 17 h
- Entrée gratuite

Calme et sensualité

Enchâssées entre la bibliothèque municipale et le Victoria Hall, les serres victoriennes de Westmount sont un lieu hors du temps, un havre de paix propice à la méditation.

Également appelé la « maison des Palmiers », ce véritable petit bijou d'architecture, construit en 1927 dans le style des grandes serres britanniques du xixᵉ siècle, semble défier la pesanteur. Tout en délicatesse, posé sur un appareillage de briques en guise d'assise, son toit aérien en double cascade composé de verre et d'acier est un des deux derniers représentants du genre au Canada. Ses courbes d'inspiration mauresque toutes féminines sont l'œuvre du célèbre fabricant Lord & Burnham, à qui l'on doit également les serres du Jardin botanique de New York et du Jardin botanique des États-Unis à Washington.

Au cours des années, la « maison des Palmiers » a subi diverses restaurations. Un vestibule a été ajouté et l'on a aménagé un bassin-étang dans la grande serre.

En 2004, d'importants travaux ont été engagés par la mairie de Westmount : la partie supérieure en verre et métal a été démontée puis restaurée avant d'être remise en place. L'acier corrodé et les éléments en fonte abîmés ont été remplacés, de même que les fenêtres en bois trop abîmées.

L'étang de la serre principale a fait place à un bassin contemporain avec un petit pont en bois et une cascade en marbre d'Italie. Enfin, une statue-fontaine en bronze est venue remplacer celle qui avait été volée en 1994.

On peut accéder par tous les temps à la serre par un passage depuis la bibliothèque, très pratique quand on veut faire une pause nature entre deux lectures et agréable l'hiver quand il fait froid et que le sol est enneigé.

L'ANCIEN THÉÂTRE EMPRESS ⑯

5560, rue Sherbrooke Ouest
• Métro : Vendôme

> *Le seul palace de style égyptien construit au Canada*

Tout commence en 1927. L'Égypte et ses mystères sont alors à la mode, après la découverte, quelques années auparavant, de la tombe du pharaon Toutankhamon. On construit donc ce nouveau théâtre du quartier Notre-Dame-de-Grâce dans le style Art déco de l'époque, en lui donnant une touche néo-égyptienne.

L'architecte Alcide Chaussé, le décorateur Emmanuel Briffa et le sculpteur Edouard Galea se mettent à l'ouvrage, s'inspirant des grands temples de l'Égypte ancienne. L'Empress devient ainsi le parfait exemple de décoration dans le style dit « atmosphérique » de la fin des années 1920, qui visait à placer l'auditoire dans un milieu exotique.

Les plafonds peints des magnifiques dômes intérieurs évoquent le ciel de la nuit qui vit naître Toutankhamon et, au mur, des fresques évoquent la vie sous l'Égypte antique. La salle originale, constituée d'une seule pièce, offrait 1 350 places.

Dans ses premières années, l'Empress présenta des films muets et de petits spectacles de Vaudeville comme d'autres grands lieux de sortie de la métropole. Petit à petit, le Vaudeville s'éclipse, le cinéma parlant fait son apparition, et la grande dépression économique achève de ruiner l'Empress, qui doit fermer en 1939. C'est le début d'une grande descente aux enfers qui se poursuit jusqu'à aujourd'hui.

En 1962, le théâtre est rouvert pour accueillir le cabaret « Les Royal Follies » et une partie du décor original est détruite. L'Empress est ensuite transformée en salle de cinéma au goût des années 1960 avec des tissus rouges et bleus plutôt criards. Les dômes du plafond sont perforés pour laisser passer les gaines d'aération et sont remplacés par un plafond suspendu condamnant irrémédiablement le décor d'origine. Le cinéma baptisé « V » est partagé en deux, une Blue Room qui projette des films érotiques très en vogue dans les années 1970 et une Red Room consacrée aux films de répertoire. Pendant vingt ans, cette salle de quartier deviendra une référence pour le cinéma d'art et d'essai, mais elle connaît à nouveau, à la fin des années 1980, des difficultés financières. De nouvelles transformations sont évoquées sous l'égide d'un nouveau propriétaire, le groupe « Famous Player ».

Hélas, en 1992, un incendie majeur ravage l'intérieur de l'ancien théâtre, le condamnant à une nouvelle fermeture.

C'est finalement la ville de Montréal qui hérite de ce fleuron architectural et qui tente de le sauver par l'intermédiaire de plusieurs associations successives, dont « L'Empress Cultural Centre ». Des rénovations sont effectuées sur la façade et des projets de transformation en lieu multiculturel sont envisagés.

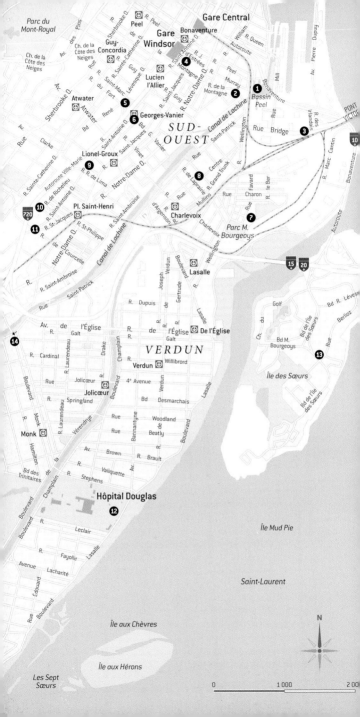

LE CENTRE-OUEST ET LE SUD-OUEST DE L'ÎLE

LE PANORAMA DU BASSIN PEEL

Accès par la rue Mill dans le Vieux-Port
• Visites guidées en bateau de mai à octobre à 13 h et 15 h 30, samedi,
dimanche et jours fériés et tous les jours de fin juin à début septembre
• Départ quai du marché Atwater au sud de la rue Saint-Ambroise et de
l'avenue Atwater • Tél. 514 283-6054 et 1 888773-8888
• Métro : Lionel-Groulx

La plus
belle vue
sur Montréal

Creusé au pied de l'autoroute 10 Bonaventure lors des travaux de revitalisation du canal Lachine, le bassin Peel offre la vue la plus saisissante sur les gratte-ciel du centre-ville. Aux premières heures du jour et à la nuit tombée, les grandes tours d'acier et de verre se reflètent dans ses eaux calmes, provoquant un bel effet miroir. C'est ici que commence la piste cyclable et piétonnière qui relie le Vieux-Port au lac Saint-Louis au confluent du fleuve Saint-Laurent et de la rivière des Prairies. Onze km de bonheur au cœur de ce qui fut une des principales plaques tournantes du commerce nord-américain, transformée aujourd'hui en un grand parc qui s'étire tout en longueur. On peut profiter de ce parcours plat jusqu'à minuit grâce à l'éclairage nocturne. Idéal lors des chaudes soirées d'été.

En se promenant sur ces berges paisibles, il est difficile d'imaginer que, jusqu'à la fin des années 1960, des dizaines de bateaux de transport empruntaient le canal et franchissaient ses écluses. Creusé entre 1821 et 1824 pour contourner les célèbres rapides de Lachine qui effrayaient tant les premiers explorateurs, le canal Lachine deviendra au cœur de la révolution industrielle un des principaux pôles de développement économique du pays.

De 1846 à la Seconde Guerre mondiale près de 600 entreprises s'installent autour du canal qui constitue une voie navigable bien utile au transport, mais également un réservoir d'eau pour faire tourner les usines. Du textile au charbon, en passant par le fer, l'acier, la farine, le blé et le sucre, toutes sortes de produits y sont traités. Pendant un siècle, des quartiers ouvriers où s'entasse une main-d'œuvre bon marché se développent. L'ouverture en 1959 de la voie maritime du Saint-Laurent marquera le déclin du canal. En 1970, il est fermé à la navigation et il faudra attendre sa réouverture en 2002 pour voir des bateaux y circuler à nouveau mais cette fois pour la navigation de plaisance uniquement.

LES VESTIGES DE GRIFFINTOWN

Sainte-Anne de Griffintown
Parc du faubourg Sainte-Anne encore appelé parc Griffintown St-Ann au
croisement des rues de la Montagne et Wellington
• Métro : Bonaventure, sortie gare Lucien-L'Allier

> *Des ruines fantômes d'une église disparue*

En descendant la rue de la Montagne en direction du fleuve Saint-Laurent, on trouve au croisement de la rue Wellington un petit parc à peine entretenu. En s'approchant, on distingue quelques murs en pierre, et quelques bancs en bois bizarrement orientés dans le même sens. En s'enfonçant dans le sous-bois, on tombe sur une stèle brisée en deux et les restes d'un escalier… Difficile d'imaginer qu'ici battait le cœur du quartier catholique irlandais de Griffintown. Une plaque avec une photo ancienne lève le mystère. Nous sommes sur les ruines de l'église St-Ann, ou Sainte-Anne pour les francophones peu nombreux à l'époque dans ce quartier défavorisé.

Le milieu du XIXe siècle amena son lot d'immigrants, de nombreux Irlandais arrivant au Canada afin de fuir la famine de 1847. Sans le sou, rescapés de graves maladies, ils constituèrent une main-d'œuvre bon marché pour les chantiers du canal Lachine, du pont Victoria et des voies de chemin de fer. Plus tard viendront les usines le long du canal. Ils s'entassèrent dans des logements de fortune qui subirent régulièrement les crues du Saint-Laurent tout proche et des incendies à répétition. Devant cette population grandissante, l'église Sainte-Anne fut construite en 1854 et devint vite le centre de la vie communautaire du quartier. Après la Seconde Guerre mondiale, la population de Griffintown déclina. Au début des années 1960, ce quartier résidentiel fut déclaré sans avenir par le maire Jean Drapeau. À grands coups de bulldozers, il se transforma en zone industrielle et on y construisit l'autoroute Bonaventure. Sainte-Anne privée de ses ouailles n'échappa pas à la destruction en 1970. Longtemps à l'abandon, le terrain vague où s'élevait l'église a été récemment aménagé en espace vert exposant les fondations du monument et plaçant quelques bancs là où se trouvaient à l'époque ceux de l'église.

D'OÙ VIENT LE NOM DE GRIFFINTOWN ?

Au début du XIXe siècle, un terrain de l'ancien quartier du faubourg des Récollets baptisé le fief Nazareth est loué par les religieuses de l'Hôtel-Dieu à un riche promoteur irlandais nommé Thomas Mc Cord. Dans des circonstances encore confuses, le bail de 99 ans échoue dans les mains de Robert et Mary Griffin qui y construisent une usine à savon et des logements pour loger leurs employés. Rapidement, les travailleurs exploités et endettés doivent tellement d'argent à Mme Griffin que le quartier prend le nom de Griffintown.

L'ANCIEN CHALET DU SQUARE GALLERY

128, rue Murray
• Métro : Bonaventure, sortie gare Lucien-L'Allier

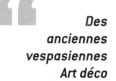

Des anciennes vespasiennes Art déco

Non loin du parc Sainte-Anne, au bout de la rue Murray, derrière les parapets de l'entrée du tunnel Wellington aujourd'hui condamné, se trouve l'ancien chalet du square Gallery, érigé en 1932.

La ville avait alors doté ses parcs et places de bâtiments de service, vespasiennes et « chalets », qui étaient destinés à améliorer l'hygiène des lieux publics municipaux tout en fournissant des lieux d'entreposage pour les équipements d'entretien ou des loges de gardiens.

Cette période de construction, en pleine crise économique, était également destinée à fournir le plus de travail possible aux chômeurs montréalais.

Conçu par l'architecte David Jerome Spence, le chalet du square Gallery s'inscrit dans le courant architectural de l'Art déco. Il est relativement bien conservé avec sa façade ornée de nombreux motifs décoratifs.

De 1973 à 1995, le chalet a abrité un centre communautaire pour handicapés, et accueille aujourd'hui un local commercial. Des projets de sauvegarde et de réhabilitation du parc et de ce moment symbolique sont à l'étude dans le cadre du développement de ce qu'on appelle le vaste projet immobilier Griffintown.

Le square Gallery fut nommé en l'honneur de Daniel Gallery, conseiller municipal du quartier de 1898 à 1910.

AUX ALENTOURS :

LE BAIN HOGAN
2188, rue Wellington
• Métro : Charlevoix

Également conçu par l'architecte David Jerome Spence, le bain Hogan est un bâtiment Art déco construit en 1931 en bordure du parc Marguerite-Bourgeoys.

Les bains publics ont été transformés en 1998 en 18 appartements avec une terrasse commune sur le toit offrant une belle vue sur le centre-ville.

LES MAISONS EN RANGÉE SÉBASTOPOL
422-444, rue Sébastopol
• Métro : Charlevoix

Cet ensemble de maisons « maisons de compagnie », inspirées de modèles britanniques, avait été construit pour loger la main-d'œuvre spécialisée de la compagnie de chemin de fer du Grand Tronc (aujourd'hui Canadien National).

La Grand Trunk Row prit plus tard le nom de rue de Sébastopol, en mémoire de la victoire anglo-française sur l'armée russe en Crimée en 1855. L'ensemble comprenait six maisons abritant chacune quatre logements et une maison de chambres au centre. Il ne reste aujourd'hui que trois maisons sauvées de la démolition des années 1960. L'espace vacant sur la rue a été transformé en un joli jardin et l'ensemble autrefois délabré a aujourd'hui fière allure.

TO
PRESERVE FROM DESECRATION
THE REMAINS OF 6000 IMMIGRANTS
WHO DIED OF SHIP FEVER
A.D. 1847-8.

THIS STONE
IS ERECTED BY THE WORKMEN
OF
MESS^{RS} PETO, BRASSEY & BETTS.
EMPLOYED IN THE CONSTRUCTION
OF THE
VICTORIA BRIDGE
A.D. 1859

LE BLACK ROCK DE VICTORIATOWN ❸

Rue Bridge en direction du pont Victoria après la rue Mill
• Bus ligne 74 arrêt Bridge / N°225

> *La mémoire des immigrants irlandais*

En 1847, la Grande Famine irlandaise provoque une émigration massive vers le Canada. Affaiblis par les jours de voyage et la malnutrition, les immigrants arrivent dans un état déplorable. Le typhus les guette. Les malades sont placés en quarantaine dans une île du Saint-Laurent au nord de Québec, mais les immigrants considérés comme sains continuent leur voyage. Quand ils arrivent à Montréal, beaucoup sont déjà malades. Des baraques sont construites à la hâte à Windmill Point (aujourd'hui Victoriatown) pour accueillir les victimes de ce qu'on appelle alors « la fièvre des navires ». Dans cet hôpital improvisé pris en charge par la congrégation des Sœurs de la Charité de Montréal (les Sœurs grises), près de 6 000 Irlandais perdront la vie. Ils seront enterrés à la hâte tout près du Saint-Laurent.

Dix ans après, en creusant les abords du futur pont Victoria qui relie l'île de Montréal à une partie de la Rive-Sud, des ouvriers trouvent leurs ossements. Pour rendre hommage à ces malheureux, une grosse pierre, tirée du fleuve pour édifier une des piles du pont, est érigée en monument. On y grave ces mots : « Pour préserver de la profanation les restes de 6 000 immigrants morts de la fièvre des navires A.D. 1847-8. Cette pierre est érigée par les travailleurs de messieurs Peto, Brassey et Betts responsables de la construction du pont Victoria. A.D. 1859 ».

Le « roc irlandais », comme on l'appelle alors, pèse trente tonnes pour trois mètres de haut. Le temps et la suie des usines le noircissant, il deviendra l'actuel Black Rock. Chaque fois que de nouveaux corps sont découverts alentour, on les enterre près de cette pierre symbolique. En 1942, l'ambassadeur irlandais déclare : « Chaque fois que ces ossements sont trouvés, une voix monte de la vieille terre ».

Au début des années 1960, en pleine fièvre de la future Expo 67, la rue Bridge où se trouve la pierre doit être élargie. Mais le rocher des Irlandais ne bougera pas. Plutôt que de le déplacer, on choisit de modifier la rue en laissant un terre-plein central. C'est ici que les descendants des immigrants irlandais viennent encore se recueillir.

Sur le lieu-dit Windmill Point se construira un nouveau quartier appelé Goose Village (le Village-aux-Oies) qui deviendra officiellement Victoriatown du nom du pont Victoria tout proche. Après les Irlandais, ce seront principalement les Italiens qui peupleront ce quartier populaire composé de six rues et proche des usines du canal Lachine. Le quartier a été rasé en 1964, épargnant uniquement la caserne de pompiers, la gare et le Black Rock. Cette friche industrielle est aujourd'hui une zone enclavée entre l'autoroute Bonaventure et les voies ferrées.

LE JARDIN GEORGES-VANIER ❹

Coin des rues Saint-Jacques et Jean-D'Estrées
• Métro : Bonaventure ou Lucien-L'Allier

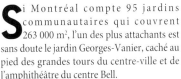

Des tomates au pied des gratte-ciel

Si Montréal compte 95 jardins communautaires qui couvrent 263 000 m², l'un des plus attachants est sans doute le jardin Georges-Vanier, caché au pied des grandes tours du centre-ville et de l'amphithéâtre du centre Bell.

C'est en effet le plus urbain des petits jardins mis à la disposition des habitants de la métropole. Le programme municipal des jardins communautaires a débuté en 1975. Depuis 2002, la gestion en est assurée par chacun des 19 arrondissements que compte la ville. Dans certains arrondissements, un animateur horticole rend visite aux jardiniers souvent néophytes pour leur prodiguer des conseils. Le matériel, terre, arrosage, outils, tables, clôtures et les fleurs décoratives… sont fournis. Un comité élu prend bénévolement la responsabilité du jardin. L'ouverture et la fermeture des jardins se font rituellement le 1er mai et le 1er novembre.

Le jardin Georges-Vanier compte 63 parcelles, chacune de 3,5 mètres par 6 mètres. Elles sont louées à l'année pour la modique somme de 25 $ (10 $ à la ville et 15 $ au comité).

Très en vogue depuis leur création, les jardins communautaires de Montréal comptent des listes d'attente et il faut souvent attendre plusieurs années pour entrer dans le cercle fermé de ces cultivateurs citadins. Si 40 % des jardiniers participent à un jardin communautaire pour produire avant tout des légumes frais, ils sont également 40 % à y voir une façon de socialiser avec leurs voisins de parcelle. Quant aux autres, minoritaires, ils le font simplement par souci d'économie. Un bon jardinier peut en effet cultiver pour plusieurs centaines de dollars de légumes par saison. Tous les potagers sont biologiques,

la ville ayant interdit l'utilisation de pesticides, le compostage étant fortement encouragé par les comités. À Georges-Vanier, la convivialité est renforcée par les cafés-rencontres du matin organisés deux ou trois fois par an, l'épluchette de blé d'Inde (maïs sucré) de septembre et le pique-nique annuel. Contrairement aux idées reçues, les jardins communautaires ne sont pas qu'affaire de retraités. Deux grands groupes se dessinent : les personnes de 50 ans et plus, mais aussi les jeunes de 20 à 35 ans. Il n'y a pas d'âge pour avoir la main verte !

LE PARC SCULPTURE MELVIN-CHARNEY

1918, boulevard René-Lévesque Ouest entre les rues Saint-Marc et du Fort
• Métro : Georges-Vanier

L'architecture déconstruite

Coincé entre deux bretelles de l'autoroute Ville-Marie, le parc Melvin-Charney est en fait une annexe du Centre canadien d'architecture (CCA), situé de l'autre côté du boulevard Lévesque.

Le parc est en réalité un véritable jardin de sculptures créé par l'artiste-architecte Melvin Charney entre 1987 et 1991 sur un terrain vague abandonné.

À la fois jardin urbain et musée en plein air, Il se divise en plusieurs sections narratives : le Verger, le Pré, l'Arcade (miroir de la maison Shaughnessy partie centrale du CCA), l'Esplanade, le Belvédère et les Colonnes allégoriques. Chacune de ces colonnes renvoie à un élément de la ville qu'il est encore possible d'apercevoir depuis le promontoire situé au bout du parc.

Prenant exemple sur ce qui reste de ce quartier industriel des deux siècles derniers (les silos à céréales, les clochers de l'église Sainte-Cunégonde ou les dernières cheminées d'usines), « chaque sculpture fait référence à un morceau d'histoire de Montréal, et plus on approche du bâtiment, plus elles deviennent abstraites », expliquait le maître d'œuvre de ces jardins peu ordinaires.

Architecture, paysage et sculpture s'entrecroisent magistralement dans ce lieu d'avant-garde où les étudiants nombreux dans le quartier aiment faire une pause entre deux cours.

L'ARBRE DE LA STATION DE MÉTRO GEORGES-VANIER

❻

Sur les quais de la station de métro Georges-Vanier (Ligne orange)
2040, rue St-Antoine Ouest.

> **Une œuvre d'art originale**

Peu de personnes le remarquent, mais la station de métro Georges-Vanier, dans le quartier Petite-Bourgogne, abrite une œuvre d'art originale : le pilier en béton qui semble là pour soutenir la voûte et éclairer le quai en direction de Côte-Vertu est en fait une sculpture intitulée *Un arbre dans le parc*.

Chacune de ses « branches » contient une lampe qui, hélas, ne fonctionne pas toujours. Pas facile en effet de les remplacer à une hauteur de 12,8 mètres !

Cet arbre d'un genre nouveau est né de l'imagination de l'artiste Michel Dernuet de l'atelier de Claude Théberge. Le sculpteur Antoine D. Lamarche, membre du même atelier, a également participé au projet en 1976.

AUX ALENTOURS :

LES OUVRIERS DU MÉTRO MONK

Non loin de là, sur la ligne verte du métro, des sculptures monumentales interpellent le passant : deux ouvriers géants (plus de 6 mètres de haut) sont

positionnés de chaque côté de la passerelle à l'intérieur de la station Monk. L'un est un tailleur de pierre, l'autre, un manieur de pelle, tous deux en pleine action. Inaugurée en 1978, l'œuvre s'intitule *Pic et Pelle*, selon l'expression québécoise qui signifie travailler dur. Elle est signée Germain Bergeron. L'artiste a ainsi voulu rendre hommage à tous les ouvriers qui dans les années 1960 et 1970 ont participé à la construction du métro montréalais. Pour la petite histoire, le métal orangé dont sont faites les deux sculptures provient de luminaires de rue recyclés.

LES JARDINS DE LA MAISON SAINT-GABRIEL ❼

2146, place Dublin, Pointe-Saint-Charles
• Métro : Charlevoix • Tél. 514 935-8136
• Visites guidées de la maison Saint-Gabriel : environ 1 h
• De mi-janvier à mi-décembre du mardi au dimanche de 13 h à 17 h,
jusqu'à 18 h en été • Fermé de mi-décembre à mi-janvier et le lundi
• Adultes 10 $, enfants 3 $ • En été, l'entrée et la visite sont gratuites les
mardis et les mercredis à 17 h

> *À la mode de la Nouvelle-France...*

Si la maison Saint-Gabriel, rare témoignage de la vie en Nouvelle-France qui accueillit les célèbres Filles du Roy, est connue du grand public, les jardins qui l'entourent sont encore à découvrir. En avant de la maison, plusieurs jardins ont en effet été aménagés ces dix dernières années, rappelant l'époque des premiers colons.

Le premier, **le jardin de la Métairie,** mélange fleurs, herbes aromatiques et légumes, comme c'était l'usage à la campagne, perpétuant ainsi l'esprit du XVIIᵉ siècle. Les légumes populaires de l'époque bien ordonnés en rangées comme les navets, rutabagas, choux, topinambours, salsifis, carottes, haricots… sont séparés par des fleurs : soucis des jardins, tagètes, capucines, hémérocalles fauves, monardes, pavots, mauves musquées, roses, pensées, juliennes des dames, roses trémières, campanules, etc. Plus loin,

les aromatiques embaument l'air de leurs parfums subtils : thym, livèche, lavande, coriandre, menthe verte, sauge, camomille, ciboulette, cerfeuil... Difficile d'imaginer alors qu'on se trouve en pleine ville.

On accède au musée par le tout nouveau **jardin des Métayères** qui évoque l'histoire de façon thématique, du défrichement à l'urbanisation. Celui-ci rend hommage aux femmes qui ont dirigé la ferme de la congrégation Notre-Dame. Plusieurs œuvres d'art contemporaines, relatant le passé, ont été magnifiquement intégrées dans le jardin.

Notre coup de cœur va au dernier jardin aménagé sous les grands arbres centenaires du parc. C'est un sous-bois dans lequel sont présentées des plantes indigènes du Québec : gadelier alpin, sureau du Canada, viorne cassinoïde, pimbina et autres fougères ou herbacées y sont décrites sur des panneaux d'interprétation. Et comme la découverte des plantes et des fleurs mène à la découverte des mots, un **sentier de la poésie** permet aux visiteurs de découvrir des poètes francophones et anglophones qui ont écrit sur la nature et marqué la littérature canadienne comme Anne Hébert ou Margaret Atwood.

Chaque dimanche d'été, une visite guidée est offerte de 12 h à 17 h pour en apprendre davantage sur les plantes et les fleurs de cette époque. Artisans, comédiens et musiciens participent à la fête, sans oublier les dégustations de produits locaux. C'est également le seul endroit où l'on peut acheter le fromage *Les Métayères*, une création exclusive de la fromagerie *Du Champ à la Meule* dont le bénéfice des ventes sert à financer les activités du musée.

DU CATCH À L'ÉGLISE

❽

Église Saint-Charles Borromée
2115, rue du Centre
• Métro : Charlevoix
• Le samedi soir à 19 h, entrée 5 $
• Se renseigner pour les jours de catch • Tél. 514 932-5335

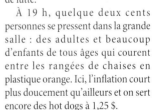

> *La lutte américaine comme outil de réinsertion sociale*

A u cœur du quartier Pointe-Saint-Charles, le sous-sol de l'église Saint-Charles accueille tous les samedis soirs ou presque une étonnante activité pour une église catholique : des combats de catch !

Une dizaine de combats de lutte spectacle de la WTA (Wrestling Titan Association) se succèdent ainsi pendant deux heures, faisant s'affronter trente adultes professionnels de ce sport, mais aussi des jeunes du quartier.

Michel Piché, initiateur du projet en 1994, a réussi à convaincre le curé de l'époque du bien-fondé de créer une école de catch dans le sous-sol de son église et d'y organiser des spectacles. Convaincu que cette violence simulée et disciplinée constituait effectivement une bonne échappatoire à la vraie violence de la rue, hélas trop fréquente dans ce quartier parmi les plus défavorisés de la ville, le prêtre donna sa bénédiction.

La lutte américaine est donc devenue ici un outil de réinsertion sociale qui permet aux jeunes de contrer les dures réalités du quartier.

Manteau de cuir, tatouages sur le corps et Mohawk sur la tête, Michel Piché, alias The Scorpion Killer, estime que ce sport a aidé beaucoup de jeunes

en difficulté. Pour la discipline, il est inflexible sur une règle de base : pas de bons résultats à l'école, pas de lutte.

À 19 h, quelque deux cents personnes se pressent dans la grande salle : des adultes et beaucoup d'enfants de tous âges qui courent entre les rangées de chaises en plastique orange. Ici, l'inflation court plus doucement qu'ailleurs et on sert encore des hot dogs à 1,25 $.

Parmi les lutteurs, notons Kevin le criminel, Bulldozer, Dinamicke, Voltage, Black Jack et Frankie Boy, un adolescent d'une quinzaine d'années qui, le soir de notre passage, deviendra le roi du monde.

LE PORTIQUE ART DÉCO
DE LA PARISIAN LAUNDRY

❾

3550, rue Saint-Antoine Ouest
- Tél. 514 989-1056
- Métro : Lionel-Groulx
- Du mardi au vendredi de 12 h à 18 h, le samedi de 12 h à 17 h
- Visites privées sur rendez-vous

> *Quand l'art et l'industrie jouent dans la même cour*

Comme son nom l'indique, la Parisian Laundry a accueilli pendant près de soixante-dix ans une blanchisserie (buanderie) commerciale spécialisée dans le lavage du linge et des uniformes des principaux hôtels et restaurants de la ville.

En 2000, le bâtiment a été racheté par Nick Tedeschi, un entrepreneur montréalais amateur d'art. En véritable mécène, il consacra près de 2 millions de dollars à sa restauration pour en faire une galerie d'art contemporain. Lors de cette transformation, le caractère industriel de la blanchisserie fut respecté, ce qui en fait aujourd'hui un lieu insolite, presque déroutant. Planchers de béton, poutres de bois et d'acier, grandes fenêtres, tout a été conservé y compris, bien sûr, le portique Art déco et le nom Parisian Laundry sculpté dans la pierre grise.

Avec ses 1 400 mètres carrés (15 000 pieds carrés) répartis sur trois étages, ses vastes plafonds et la lumière qui y entre à profusion, la galerie offre un espace d'exposition exceptionnel.

Une dizaine d'expositions s'y déroulent chaque année présentant des artistes vivants, canadiens ou étrangers, mais aussi des projets communautaires et des œuvres d'étudiants en art. Dans le sous-sol, une grande pièce obscure, le Bunker, propose des projections multimédias.

Petit bijou de reconversion, la Parisian Laundry illustre à merveille la connivence entre l'art industriel et l'art contemporain dont Montréal semble s'être fait une spécificité avec d'autres lieux comme la Fonderie Darling, le Belgo ou l'Usine C.

LE MUSÉE DES ONDES ÉMILE BERLINER

1050, rue Lacasse
• Métro : Place-Saint-Henri
• Tél. 514 932-9663 • Admission : adultes 3 $, enfants 2 $
• Ouvert toute l'année du vendredi au dimanche de 14 h à 17 h

*La Voix
de son Maître*

F ondé par un groupe de passionnés de technologie, le musée des Ondes Émile Berliner se veut le lieu de conservation et d'exposition de tout objet relié à l'histoire de la production, de la reproduction, de la captation et de la diffusion des ondes.

Situé au deuxième étage d'un ancien bâtiment industriel de l'ancienne compagnie RCA Victor, il renferme dans ses réserves une incroyable variété de gramophones, phonographes, radios, téléviseurs, magnétophones, microphones et des milliers de disques vinyles.

Dans la salle d'exposition, les visiteurs découvrent chaque année une thématique différente mettant en scène une partie de la collection. C'est l'occasion de découvrir des objets qui rappellent l'enfance et pour les plus jeunes, de découvrir des appareils inconnus.

Au moment de son ouverture au public, le 24 janvier 1996, le musée possédait une centaine d'objets. Depuis, grâce à la générosité de plus de 500 donateurs, il en compte plus de 30 000.

Le vieil appareil qui dort au fond de votre cave sous une épaisse couche de poussière peut se révéler un trésor pour le musée dont la vocation est également de conserver un patrimoine culturel unique et essentiel pour les nouvelles générations.

Lors des visites guidées, les visiteurs peuvent non seulement voir les appareils d'autrefois, mais aussi écouter de la musique d'une autre époque.

EMILE BERLINER, L'INVENTEUR DU GRAMOPHONE ET DU DISQUE

Emile Berliner est l'inventeur du premier microphone pour le téléphone de Graham Bell, mais surtout du gramophone et du disque. L'ingénieur allemand, tout d'abord émigré aux États-Unis, installa sa compagnie à Montréal en 1900. Il déposa alors avec sa marque de commerce, une image qui deviendra le symbole du disque : le chien Nipper, écoutant un gramophone et reconnaissant la « Voix de son Maître ». C'est le peintre britannique Francis Barraud qui créa cette icône utilisée pendant plus de soixante-dix ans.

Les premiers vinyles, gravés d'un seul côté, présentaient sur le verso l'image de Nipper. Ce n'est qu'en 1908 que l'on commença à les graver des deux côtés. Le baryton Joseph Saucier aurait eu le privilège d'enregistrer en 1904 le premier disque montréalais en chantant « La Marseillaise ».

LOUIS CYR

LE MONUMENT LOUIS-CYR

Square des Hommes-Forts à l'intersection des rues Saint-Jacques et
Saint-Antoine
• Métro : Place-Saint-Henri

> **Hommage à l'homme le plus fort du monde**

Curieuse évocation que cette statue imposante en bronze du quartier Saint-Henri. Par ses formes rondes et le grossissement volontaire du personnage, elle n'est pas sans rappeler le travail de l'artiste colombien Fernando Botero, même si elle est plus simplement l'œuvre du sculpteur Robert Pelletier, et fut érigée en 1970.

Louis Cyr était ni plus ni moins l'homme le plus fort du monde et peut-être même de tous les temps. Le romancier et scénariste Paul Ohl, auteur de sa biographie, parle « d'un homme fort comme dix, que nul Hercule ne vainquit… et qui ouvrit au large les portes de son pays ».

Né en 1863 dans un petit village de Montérégie entre Montréal et la frontière américaine, le jeune Cyprien-Noé Cyr est doté dès son plus jeune âge d'une force peu commune qu'il entretient en travaillant dès l'âge de 12 ans dans un camp de bûcherons et sur la ferme familiale.

L'histoire raconte qu'un jour, alors qu'il avait immigré avec ses parents à Lowell au Massachusetts, il poussa de l'épaule une charrette à cheval embourbée jusqu'aux essieux. Le conducteur, impressionné, invita le jeune homme à son premier concours d'hommes forts à Boston. Alors âgé de 18 ans, il y soulève un cheval !

La carrière du jeune Cyprien-Noé devenu Louis Cyr du nom de son ancêtre acadien (parce que ce nom était plus facile à prononcer en anglais) était lancée.

À la fin du XIXe siècle, les concours de force, ancêtres de l'haltérophilie, sont des spectacles très populaires. Les compétitions se déroulent sous la forme de défis où les athlètes s'affrontent tour à tour dans des séries de levers particuliers. À ce jeu, Louis Cyr entre dans la légende.

Le Samson canadien, comme on le surnommait à l'époque, déplace les foules. En 1892, à 29 ans, il est proclamé lors d'une compétition à Londres « l'homme le plus fort du monde ».

En 23 ans de carrière, il parcourt les États-Unis, le Canada, l'Angleterre et le pays de Galles, donnant près de 2 500 représentations de tours de force et participant à plus de 1 000 spectacles de cirque. Certains de ses records sont encore invaincus aujourd'hui, comme celui de retenir pendant 55 secondes deux paires de chevaux pesant au total plus de deux tonnes, ou le fait de soulever lors de sept épreuves un total de 7 tonnes et demie en moins de deux heures !

Il meurt à Montréal en 1912 à l'âge de 49 ans et est enterré au cimetière de Saint-Jean-de-Matha en Lanaudière, où il vécut à la fin de sa vie.

Son nom est ancré dans la légende populaire du Québec.

LES SCULPTURES DE L'HÔPITAL DOUGLAS

6875, boulevard LaSalle, Verdun
• Métro : Angrignon

L'art contre la maladie mentale

À Montréal, c'est dans un hôpital psychiatrique que se trouve l'un des plus beaux jardins de sculptures de la ville. Cette idée originale est celle d'un des infirmiers de l'Institut en santé mentale de l'université McGill, un hôpital à la pointe de la recherche internationale, plus communément appelé « le Douglas ».

Edward Cohen, amoureux de l'art, a bâti ce jardin de sculptures à force de charme, de conviction et de détermination. Il s'agissait en effet de convaincre des sculpteurs de renom de donner une de leurs œuvres pour permettre aux patients, aux employés et aux visiteurs de profiter d'un décor facilitant la détente dans le parc de l'hôpital.

Le pari est réussi puisque, depuis 2001, date à laquelle les deux premières sculptures d'Esther Wertheimer ont été données, 20 œuvres toutes plus étonnantes les unes que les autres ont été offertes.

De nos jours, la Fondation du Douglas est toujours à la recherche de nouveaux dons pour enrichir son jardin. En échange elle offre des reçus, à hauteur de 50 % de la valeur de l'œuvre, déductibles des impôts.

Pour être acceptées, les sculptures doivent avoir été créées par un artiste professionnel, ne pas être dangereuses, résister aux hivers québécois et, surtout, s'intégrer à la vision du parc en apportant réconfort et espoir aux patients.

L'ANCIENNE STATION-SERVICE MIES VAN DER ROHE

Île des Sœurs
201, rue Berlioz
• Tél. 514 766-4301
• Bus lignes 12 et 168 arrêt Berlioz/ de L'île-des-Sœurs

> *Une reconversion réussie*

Bien peu de Montréalais savent que la rue Berlioz, sur l'île des Sœurs, abrite une des réalisations les plus originales du célèbre architecte allemand Mies Van Der Rohe (1886-1969).

Au cours des années 1960, l'architecte alors établi à Chicago conçoit plusieurs projets pour Montréal. Si le plus célèbre est sans doute le complexe immobilier Westmount Square, il travaille également à l'aménagement de l'île des Sœurs, alors en plein boom immobilier après l'ouverture du pont Champlain en 1962. Il y dessine trois tours d'habitation et une station-service. Cette dernière sera construite entre 1967 et 1968 et restera quarante ans en service jusqu'à sa fermeture définitive en 2008. Caractérisé par le raffinement, la sobriété de sa composition architecturale et l'utilisation de matériaux de qualité, l'ensemble intègre sous une grande toiture rectangulaire soutenue par une structure d'acier trois édicules pour l'accueil, l'atelier mécanique et la caisse des pompes à essence.

Dans cette station, tout est signé Mies Van Der Rohe : le design des pompes à essence, l'enseigne de la marque Esso, les modules de rangement et le mobilier. Les pompes d'origine furent remplacées en 1975 et au fil des décennies divers travaux modifièrent le bâtiment sans toutefois lui enlever son aspect d'origine.

Après sa fermeture, la station-service fut citée au titre de monument historique en 2009 et transformée en un « centre communautaire intergénérationnel », le tout premier du genre à Montréal. Ouvert en février 2012, ce dernier offre des activités et services aux jeunes de 12 à 17 ans et aux personnes âgées de 50 ans et plus : informatique, cuisine, aide aux devoirs, etc. Un bel exemple de reconversion réussie.

LE JARDIN DE SCULPTURES DU MUSÉE DE LACHINE

1, chemin du Musée, Arrondissement Lachine
• Métro : Angrignon puis autobus 110 Ouest
• Tél. 514 634-3478
• Sculp'tour : de 9 h à 16 h 30 du mercredi au dimanche de début avril à fin novembre, ces circuits guidés à pied ou à vélo sont une occasion unique de s'initier à la sculpture contemporaine. Sur réservation uniquement et gratuite

L'art au long du fleuve

En bordure du fleuve Saint-Laurent, à 10 km à peine du centre-ville, l'histoire, l'art et la nature se rejoignent ici dans l'un des plus grands jardins de sculptures au Canada, étonnamment encore méconnu de beaucoup de Montréalais.

Le jardin de sculptures du musée de Lachine s'étend depuis la maison LeBer-LeMoyne, un ancien comptoir de vente de fourrures datant de 1669, et regroupe trois parcs dans lesquels sont exposées au total une cinquantaine d'œuvres : le parc René-Lévesque qui longe le canal, les parcs riverains répartis le long des berges du Saint-Laurent et le site du musée proprement dit.

La visite du jardin peut s'effectuer de trois manières : à pied, à vélo ou encore dans un rallye conçu pour les familles. Tout au long du parcours, chaque sculpture est accompagnée d'un panneau informatif sur son auteur et l'histoire de sa réalisation. On y retrouve des œuvres d'artistes renommés tels qu'André Fournelle, Michel Goulet, David Moore et Bill Vazan, Lisette Lemieux ou Robert Roussil.

Le parc René-Lévesque, le plus grand des trois lieux d'exposition, s'étend sur 14 hectares d'une presqu'île entre la fin de la piste cyclable du canal de Lachine et le fleuve. Des brumes matinales aux lumières du couchant, ses 22 sculptures se fondent dans un décor naturel variant avec les variations du soleil et les saisons. Ce parc, né en 1985 d'une volonté de rencontre entre la population et ses artistes, s'est enrichi au fil des années.

LE CENTRE-EST
ET L'EST DE L'ÎLE

L'ANCIEN BAIN GÉNÉREUX ❶

Écomusée du fier monde
2050, rue Amherst, angle Ontario
• Métro : Berri-UQAM
• Tél. 514 528-8444

Un superbe exemple d'architecture Art déco

Comment imaginer un décor plus original pour un musée dédié à l'histoire et à la culture industrielles que le bassin d'une piscine ? À bien y regarder les deux entités ne sont pourtant pas si éloignées. Toutes deux viennent témoigner d'une autre époque. Celle de la révolution industrielle, des premières manufactures, de l'industrie florissante et d'un monde ouvrier en plein essor. Dans cette nouvelle vie urbaine, l'ancien bain Généreux dans lequel s'est installé en 1995 le musée du Fier Monde a toute sa place. Magnifique exemple de l'architecture des années 1920, le bain rappelle les efforts de la ville de Montréal pour améliorer les conditions de vie dans les quartiers populaires où bains et douches étaient encore un luxe.

L'Écomusée du fier monde est un musée d'histoire industrielle dont le champ d'intérêt est formé par la triade : travail, industrie, culture. Il met en valeur l'histoire du patrimoine du quartier Centre-Sud de Montréal qui fut un véritable microcosme de la révolution industrielle au Canada de la seconde moitié du XIXe siècle jusqu'à la fin des années 1950. Expositions de photos anciennes, d'outils, de produits manufacturés de l'époque… Une visite guidée au musée du Fier Monde plonge le visiteur dans le quotidien de ces milliers d'ouvriers et de leur famille du temps de l'épopée industrielle. Et que dire du décor somptueux de ce bâtiment qui connut la gloire puis l'abandon avant de repartir pour une nouvelle vie. Le bain Généreux, du nom

d'un conseiller municipal lors de son inauguration en 1927, constitue un bel exemple d'architecture Art déco avec sa façade aux lignes épurées, ses poutres intérieures cintrées à la manière d'une coque de bateau et les nombreuses ouvertures pour faire entrer la lumière. Son architecte Jean-Omer Marchand se serait inspiré de la piscine de la Butte-aux-Cailles à Paris, située elle aussi dans un quartier ouvrier, achevée par l'architecte Louis Bonnier quelques années auparavant. Le bain Généreux accueille vite de nombreux baigneurs. Dès les années 1940, la piscine abrite un club de natation. L'élite de ce sport naissant s'y entraîne au sein du Club aquatique de Montréal jusqu'en 1977 quand le club déménagera dans les nouvelles installations olympiques du centre Claude Robillard. Petit à petit les baigneurs désertent les vieux bassins devenus désuets au profit des nouvelles et grandes piscines de la ville. En 1992, le bain Généreux doit fermer suite à des problèmes de chauffage et de plomberie. Après des travaux de rénovation sous la houlette de l'architecte Felice Vaccaro le bain devient musée et rouvre au public en 1996.

LES « RÉVOLUTIONS » DE MICHEL DE BROIN ❷

Parc Maisonneuve-Cartier adjacent à la station de métro Papineau
• Métro : Papineau

> ❝
> *L'identité*
> *du paysage*
> *montréalais*

Révolution : rotation d'un corps autour de son axe central ou autour d'un autre corps. Telle est la définition du dictionnaire. S'il veut suivre cet escalier courbé qui semble sans fin, le regard du spectateur se perd en effet dans une rotation infinie « défiant la gravité et la référence subjective du haut et du bas ».

Mesurant 8 mètres de haut pour 5 mètres de large, cette œuvre originale du sculpteur Michel de Broin se veut le reflet du paysage montréalais. L'artiste s'est inspiré des fameux escaliers extérieurs en fer forgé des rues de la métropole ainsi que des lieux emblématiques environnants. Il voit cette forme « résonner avec les structures de métal du pont Jacques-Cartier pour ensuite tourbillonner avec les manèges de la Ronde avant de venir s'installer sur le site comme un bouquet émergeant des plantations ».

L'œuvre est composée d'aluminium marin, un alliage possédant une forte résistance à la corrosion et une solidité supérieure aux alliages standard. Ajoutée à la collection d'art public de la ville par le biais d'un concours, cette sculpture fut installée en 2003. Né à Montréal en 1970, Michel De Broin s'est fait surtout connaître par ses œuvres exposées dans des lieux publics.

Le Bureau d'art public de la ville de Montréal a pour mission la conservation, l'acquisition, la mise en valeur et la promotion des œuvres de la collection d'art public de la métropole. La collection municipale d'art public comprend plus de 300 œuvres extérieures ou intégrées à l'architecture réparties sur l'ensemble du territoire. Depuis 1989, et la mise en place du Plan d'action en art public, ce sont plus de 30 œuvres qui sont venues enrichir le patrimoine commun aux Montréalais et 40 autres ont fait l'objet de conservation ou de restauration.

LE CENTRE D'EXPOSITION DE LA SAQ

903, avenue De-Lorimier
• Tél. 514 254-6000 poste 6245
• Ouvert les mercredis, jeudis et vendredis de 12 h à 17 h et les samedis et les dimanches, de 9 h 30 à 17 h, entrée gratuite
• Métro : Papineau

> **Vestiges de l'ancienne prison des Patriotes**

L'histoire de l'ancienne prison des Patriotes, située au pied du pont Jacques-Cartier, est intimement liée à une période sanglante de l'histoire du Canada : la rébellion des Patriotes de 1837 et 1838. Ce monument d'architecture néoclassique fut construit entre 1831 et 1840 pour accueillir la nouvelle prison baptisée « Au-Pied-du-Courant » du fait de sa proximité avec le fleuve Saint-Laurent. Avant même que les bâtiments ne soient terminés, elle accueillit ses premiers prisonniers et parmi eux plusieurs centaines de Patriotes. Douze d'entre eux furent exécutés, pendus devant la porte d'entrée de la prison, seule partie encore préservée de l'ancien mur d'enceinte.

Marqué par cet événement, l'établissement fut alors couramment appelé prison des Patriotes. Un temps agrandie et modifiée, elle laissa sa place en 1912 à un plus grand centre de détention dans le nord de l'île : la prison de Bordeaux. En 1921, c'est la Commission des liqueurs qui y installa son siège et les cellules furent transformées en caves à vin… Aujourd'hui, son successeur, la Société des alcools (SAQ), y est toujours installé.

En 2003 la SAQ y a ouvert un centre d'exposition ouvert au public. Située au sous-sol de l'édifice, l'exposition permanente relate les tenants et les aboutissants des rébellions de 1837 et 1838, et les conditions de vie des prisonniers de cette période. On peut encore imaginer les cellules de l'époque avec les anneaux, toujours présents, qui servaient à attacher les détenus.

AUX ALENTOURS :

LE MONUMENT AUX PATRIOTES

En face de l'ancienne prison, depuis 1993, le monument aux Patriotes a été réalisé en 1926 par Alfred Laliberté. Il est composé d'un piédestal en granit gris surmonté d'une sculpture de bronze symbolisant la Liberté aux ailes brisées. Sur chacune des trois faces du piédestal, un médaillon de bronze sculpté représente les Patriotes de Lorimier, Papineau et Nelson.

LA PAGODE TU QUANG ❹

2176, rue Ontario Est
• Métro : Frontenac • Tél. 514 525-8122
• Ouvert au public le dimanche de 10 h à 12 h

Découvrir le Vietnam à Montréal

« Tu » pour compassion, « quang » pour lumière : deux mots qui définissent bien la pagode située au 2176, rue Ontario Est, dans le quartier centre-sud que l'on n'associe pas pourtant à un quartier asiatique. Il faut dire que la communauté vietnamienne, qui compte environ 30 000 personnes, est disséminée dans de nombreux quartiers ou banlieues de Montréal. Ce temple est ainsi un bel exemple du multiculturalisme de la métropole.

Inauguré en 1985, dix ans après l'exode des premiers « boat people », il surprend par la grande statue blanche qui trône au milieu de sa cour d'entrée, représentation du bodhisattva Quan Am, la seule femme bouddha vénérée par tous les bouddhistes du monde comme la bouddha sauveuse. Selon le bouddhisme du « Grand Chemin » elle refuse son nirvana et retourne au monde de souffrance pour aider les hommes à la manière d'un ange gardien.

Autour de Quan Am, dix-huit autres statues, séparées en deux rangées, représentent des arhats, êtres nobles ayant atteint le dernier échelon de la sagesse. L'intérieur fastueux et l'abondance de rouge et de doré rappellent la richesse des cours impériales. À l'étage, dans la salle de culte, les trois bouddhas Dia Tang, protecteur des morts, Shakyamuni, le bouddha historique, et une nouvelle fois Quan Am, le bodhisattva femme, veillent sur les visiteurs. Le dimanche de 10 h à 12 h, le temple est ouvert au public, pratiquant ou non. Il faut simplement, après avoir enlevé ses chaussures à l'entrée, respecter le déroulement du culte sans boire ni manger et fermer son téléphone portable.

AUTRES LIEUX DE CULTE VIETNAMIEN À MONTRÉAL

La communauté vietnamienne multiconfessionnelle se partage entre bouddhisme, catholicisme et caodaïsme (voir p.117). On peut assister à des messes catholiques vietnamiennes le dimanche à 10 h 30 et 17 h en l'église Saint-Philippe, rebaptisée Saints-Martyrs-du-Vietnam, au 1420, rue Bélanger ou se rendre au temple caodaïste du 7161, rue Saint-Urbain installé dans une ancienne synagogue.

Pour les temples bouddhiques, le choix est plus vaste : il y a plus de trente lieux de culte à Montréal, dont sept pagodes vietnamiennes. La plus ancienne est la pagode Quan Am au 3781, avenue de Courtrai, où les messes ont lieu le dimanche de 10 h à midi et où un repas végétarien est ensuite servi dans le sous-sol.

Pour se mettre encore plus dans l'ambiance, ne ratez pas la fête du Têt, le Nouvel An vietnamien, dont la date entre fin janvier et début février coïncide avec le premier jour du calendrier lunaire.

L'IMUSÉE

Pavillon d'éducation communautaire d'Hochelaga-Maisonneuve
1691, boulevard Pie-IX
• Tél. 514 596-4488
• Du mardi au samedi de 10 h à 17 h • 7 $
• Métro : Pie-IX

> ## Toute l'histoire de l'informatique par des passionnés

Qui se souvient de l'Apple Lisa, le premier ordinateur doté d'une interface graphique, livré avec une souris et lancé en 1983, avant le célèbre Macintosh ?

C'est pour raviver la mémoire collective de l'informatique que s'est créé en 2010 l'iMusée. À son origine, un petit groupe de passionnés de technologie de l'information du Pavillon d'éducation communautaire d'Hochelaga-Maisonneuve.

Bien qu'elle soit la principale révolution technique de la fin du XXᵉ siècle, on connaît bien peu l'histoire de l'informatique. L'oubli est donc ici réparé !

La visite commence dans les escaliers par des panneaux qui retracent les étapes de l'aventure de l'Internet des années 1960 à aujourd'hui. Suivent des

salles remplies de matériels divers et parfois surprenants. Dans la première partie, celle de la « préhistoire », sont exposés pêle-mêle un boulier chinois suan-pan, des oscilloscopes, des cartes perforées et les premiers ordinateurs dont un IBM 5100 doté d'un écran plus petit que votre téléphone intelligent actuel, mais qui coûtait à l'époque 19 000 $!

Dans une salle multimédia adjacente est projeté un petit film qui retrace les grandes étapes du traitement de l'information. Viennent ensuite les machines « modernes » des années 1970 à nos jours dont la plupart paraissent ancestrales : Osborne, Commodore, Tandy ainsi que les premiers ordinateurs d'Apple.

POUR JOUER AUX JEUX VIDÉO EN TOUTE TRANQUILLITÉ !

La visite du musée se termine par les consoles de jeux vidéo : Atari 2600, Sega Master System, Odyssey 2, PS1, Atari Jaguar, etc.
Pour ne rien gâter, elles fonctionnent...

LA MAISON ATELIER DE GUIDO NINCHERI ❻

1832, boulevard Pie-IX
• Les visites se font par l'intermédiaire du château Dufresne (2929, avenue Jeanne-d'Arc – coin Pie-IX et Sherbrooke)
• Métro : Pie-IX

Et la lumière fut !

Dans ce quartier résidentiel bigarré, la maison du 1832, boulevard Pie-IX, avec sa façade symétrique en brique de couleur chamois et ses fenêtres réunies dans un arc monumental, ne passe pas inaperçue.

C'est dans ce lieu qui accueillit pendant plus de soixante-dix ans les différents ateliers du maître verrier Guido Nincheri que furent réalisés près de 5 000 vitraux aujourd'hui disséminés dans neuf provinces canadiennes et les six États de la Nouvelle-Angleterre.

Parti d'Italie, le jeune homme fraîchement diplômé de l'Académie des beaux-arts de Florence arrive à Montréal en 1914 après un bref séjour à Boston. Il travaille d'abord chez Henri Perdriau, décorateur, où il apprend l'art du vitrail, puis installe en 1925 son studio au rez-de-chaussée de la maison du boulevard Pie-IX qui vient d'être rachetée par les célèbres frères Dufresne, de riches entrepreneurs qui deviendront vite ses mécènes.

En 1932, il déménage dans l'annexe, construite dans la cour. Il ne deviendra propriétaire de la maison qu'en 1966.

L'atelier fonctionnera encore après la mort de l'artiste en 1973, et sera dirigé par un de ses disciples, Matteo Martinaro, jusqu'en 1996, date de sa fermeture définitive. Depuis, il n'a quasiment pas changé et désormais, après 15 ans de léthargie, l'atelier est ouvert au public, certaines visites étant même parfois guidées par Roger Nincheri, le petit-fils du maître verrier, grand admirateur de l'œuvre de son grand-père.

On retrouve ainsi les planches à dessin, des esquisses, des pinceaux, différents outils de coupe et l'impressionnant four qui servait à cuire les pièces

de verre. Quelques morceaux colorés sont posés ici et là comme s'ils attendaient encore d'être emballés pour former les vitraux d'une des 200 églises embellies par le maître en Amérique du Nord.

On imagine aisément dans les années 1950, dans ces pièces étroites et hautes, le verrier en train de diriger ses dix employés.

Les dessins sont projetés au mur, on prend les mesures, coupe le verre, applique les couleurs…

Si ce n'était la poussière et le four désespérément froid, on pourrait se surprendre à imaginer le studio toujours en activité.

LES PETITS BAIGNEURS DU BAIN MORGAN ❼

1875, avenue Morgan
• Métro : Pie-IX
• Tél. 514 872-6657
• Accès gratuit

> **Témoin d'une splendeur passée**

La construction des bains publics commence à Montréal à la fin du XIXᵉ siècle. Il fallait répondre aux besoins d'hygiène et de propreté des citadins dont la majorité ne possédait pas de salle de bains dans leur maison.

Édifice imposant, le bain Morgan figure parmi les plus beaux bâtiments de Montréal. Il s'inscrit dans le cadre du développement luxueux et un rien mégalomaniaque du quartier Maisonneuve, une ville à part entière jusqu'en 1918 et qui était alors un fleuron de l'industrie manufacturière québécoise.

La construction du bain inauguré en mai 1916 était initialement prévue pour un budget de 30 000 $. Celui-ci explosa, notamment à cause de la façade flamboyante du bâtiment, et dépassa les 300 000 $. Une fortune pour l'époque.

Son concepteur, Marius Dufresne, a vu grand en s'inspirant d'un bain public de la 23ᵉ rue à New York et de la gare Centrale de Manhattan. Dufresne a également emprunté aux bains de Boston l'idée d'installer un gymnase à l'étage qui, entre 1920 et 1960, servira de salle d'entraînement à l'école de police.

Sur la façade, autour des inscriptions « Maisonneuve, Bain et Gymnase », on compte trois rondes-bosses (sculptures représentant le sujet dans ses trois dimensions) d'Arthur Dubord : un homme encadré de deux chevaux, une naïade et une gymnaste. Au centre, dans une alcôve se trouvent *Les Petits Baigneurs* une œuvre en bronze du célèbre sculpteur québécois Alfred Laliberté.

Bien que l'extérieur n'ait pas été modifié, l'intérieur de l'édifice a hélas subi de nombreuses transformations au fil des décennies. Des travaux de rénovation ont fait disparaître des éléments décoratifs comme les colonnes et les gradins autour de la piscine ainsi que les douches et bains privés qu'utilisaient autrefois les travailleurs du quartier.

LES NUS DU CHÂTEAU DUFRESNE ❽

2929, avenue Jeanne-d'Arc (coin Pie-IX et Sherbrooke)
• Métro : Pie-IX • Tél. 514 259-9201
• Ouvert du mercredi au dimanche de 10 h à 17 h
• Des visites guidées en français sont offertes à 13 h 30 et 15 h 30 les
samedis et dimanches seulement • Aucune réservation requise
• Possibilité de forfait avec la visite du stade Olympique ou de l'atelier de
Guido Nincheri • Adultes 8 $, enfants 4,5 $, familles de quatre 18,50 $

**" Recouverts
puis redécouverts**

Le château Dufresne a été construit entre 1915 et 1918 par Oscar et Marius Dufresne, deux piliers de la bourgeoisie florissante francophone montréalaise du début du xxᵉ siècle. L'un était un prospère industriel dans la chaussure, l'autre, un grand entrepreneur impliqué dans les projets d'urbanisation et d'embellissement de la cité de Maisonneuve.

Les deux frères eurent la curieuse idée de bâtir leurs appartements respectifs dans un agencement en miroir : les deux maisons d'une vingtaine de pièces chacune sont en effet jumelées et symétriques à l'intérieur d'un seul et unique hôtel particulier.

En le visitant, on se replonge avec délices dans l'univers de finesse et d'opulence qui caractérisait la classe aisée de l'époque. Le château Dufresne adopte les principes de l'architecture Beaux-Arts, un style monumental mais élégant. L'architecte Jules Renard se serait inspiré du Petit Trianon de Versailles. Depuis la grande grille d'entrée en fer forgé sur la rue Sherbrooke, on est frappé par l'harmonie de sa façade épurée, rehaussée de grands piliers décoratifs donnant sur un beau parc à la française. La résidence des Dufresne offre également bien des surprises quant à la richesse de la décoration intérieure. Des petits aux grands salons, des halls d'entrée imposants au fumoir à l'orientale plus intime, des cabinets de travail aux jardins d'hiver tout en douceur, chaque pièce est décorée dans un style différent, selon sa fonction et l'atmosphère que ses premiers propriétaires désiraient lui donner. On y admire frises, cheminées, bois exotiques, escaliers en marbres italiens et surtout les fresques et vitraux réalisés par le grand maître Guido Nincheri dont les frères Dufresne contribuèrent à la notoriété en lui confiant la décoration de leur luxueuse demeure, puis plus tard en lui fournissant son propre atelier. Du petit boudoir, au grand salon, en passant par la cage d'escalier et certaines chambres à l'étage, les peintures de Nincheri magnifient murs et plafonds. Hélas, la quasi-totalité des verrières d'époque a été détruite au cours des années noires du bâtiment.

En 1948, après le décès du dernier des frères Dufresne à habiter le château, la somptueuse demeure est vendue aux Pères de Sainte-Croix qui la transforment en externat classique qui deviendra plus tard le collège Sainte-Croix. De nombreuses modifications viennent enlaidir l'intérieur. Certaines fresques allégoriques de Nincheri jugées trop suggestives en ce lieu religieux d'éducation seront même recouvertes.

C'est le cas notamment du plafond du grand salon couvert d'une œuvre où l'amour est représenté par des personnages nus. Choqués, les Pères cacheront rapidement la fresque sous une couche de peinture.

En 1957, les religieux cèdent la maison à la ville de Montréal qui laisse les lieux inoccupés. Le musée d'Art contemporain s'y installe en 1965 jusqu'à son déménagement en 1968 à la cité du Havre dans la Galerie d'art international d'Expo 67. Le château Dufresne vit alors ses années les plus tristes. Déserté, sans entretien, sans chauffage ni gardiennage, il subira de graves dommages causés par les intempéries et le vandalisme. En 1976, le maire de Montréal Jean Drapeau convainc lors d'une visite le grand mécène David M. Stewart de restaurer la demeure patrimoniale qui vient d'être déclarée monument historique. 42 plans et dessins de Marius Dufresne permettent avec des photographies d'époque une restauration fidèle des lieux. Les nus du grand salon réapparaissent ainsi au grand jour.

Si le mobilier d'origine est également racheté à la succession de sa veuve Edna Sauriol Dufresne, il faudra attendre 1999 pour voir l'ouverture de l'actuel musée.

LE JARDIN LESLIE-HANCOCK ❾

Jardin botanique de Montréal
4101, rue Sherbrooke Est
• Métro : Pie-IX
• Tél. 514 872-1400

Au royaume des Éricacées

C'est l'un des secrets les mieux gardés du Jardin botanique. Au cœur des 75 ha de ce joyau montréalais créé en 1931 par le frère Marie Victorin, se cache un petit jardin pas ordinaire.

Jusqu'au milieu du xxᵉ siècle, on pensait qu'il était impossible de cultiver des rhododendrons sous le climat rigoureux du Canada. C'est grâce à l'horticulteur Leslie Hancock (1892-1977) que leur culture s'est développée. Horticulteur, soldat, professeur, député, Leslie Hancock se prend un jour de passion pour les éricacées, ces arbustes des sols acides dont la bruyère, l'azalée et les rhododendrons sont les représentants les plus connus. Devenu un grand spécialiste de leur culture sous des latitudes peu favorables, il est invité à Montréal pour concevoir un ericacetum au Jardin botanique. Celui-ci est inauguré en 1976 sous le nom de jardin des Éricacées et rebaptisé Leslie-Hancock en 1986.

Telle une perle précieuse, le jardin est déposé dans un écrin de conifères formant une ceinture verte qui lui offre une double protection contre le vent et, curieusement, le soleil : l'hiver, lorsque la température grimpe malgré tout au-dessus de zéro, les feuilles, qui s'étaient recroquevillées pour se protéger du froid, se déploient et la plante se met à « transpirer ». Incapables de compenser ces pertes en puisant de l'eau dans un sol gelé, les rhododendrons (surtout ceux qui sont à grandes feuilles) voient leur feuillage roussir. C'est donc en filtrant les rayons solaires que les conifères limitent les dommages.

Cette barrière permet également d'accumuler en son centre la neige qui protège les végétaux du gel.

C'est au printemps qu'il faut visiter ce jardin. La floraison, qui s'étend d'avril à début juillet, est une explosion de couleurs vives du blanc crème au rouge incandescent ou encore au violacé parfois teinté d'orange, en passant par les roses vifs et doux. Après la floraison, les nouvelles feuilles apparaissent dans des tons de vert, de bleu et de gris.

En octobre, les arbustes s'enflammeront dans les tons dorés, pourpres et écarlates de l'automne.

LE JARDIN TIKI

5300, rue Sherbrooke Est
• Métro : Assomption
• Tél. 514 254-4173

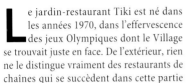

*Un
des temples
du kitsch
montréalais*

Le jardin-restaurant Tiki est né dans les années 1970, dans l'effervescence des jeux Olympiques dont le Village se trouvait juste en face. De l'extérieur, rien ne le distingue vraiment des restaurants de chaînes qui se succèdent dans cette partie peu folichonne de la rue Sherbrooke. Le choc vient en poussant la grosse poignée en laiton de sa porte d'entrée : le restaurant s'ouvre sur un pont qui traverse un bassin où s'ébattent de grosses tortues de Floride qui cohabitent avec des figurines de dinosaures et de requins en plastique. Au-dessus se dresse un énorme dragon rouge à l'aspect menaçant. Du plafond de la salle à manger pendent de grosses lampes suspendues aux formes improbables et des guirlandes composées de gros coquillages et de poissons tropicaux grossièrement stylisés. Bienvenue dans un des temples du kitsch montréalais, plus précisément du kitsch polynésien.

Dans les années 1950, nombre d'Américains partis visiter Hawaii à la recherche du paradis perdu ramenaient avec eux, sur le continent, tout un folklore de cabanes de bambou, de statues de divinités locales, de chemises aloha et de breuvages exotiques. À la fois mode de vie et style décoratif, le pop polynésien (ou la culture Tiki) s'est rapidement développé sur la côte californienne qui vit se construire des dizaines de Tiki Bars. Le culte du dieu Tiki s'étendit vite au pays tout entier et bientôt au Canada. Montréal sacrifia à cette mode lorsque l'acteur hollywoodien de série B Steve Crane y ouvrit le second restaurant de sa chaîne Kon Tiki (après celui de Beverly Hills) dans les locaux de l'hôtel Sheraton-Mont-Royal, rue Peel. À sa fermeture en 1981, une partie du mobilier et de la décoration rejoignit le jardin Tiki.

Côté nourriture, le buffet sino-américain flirte plus avec l'abondance qu'avec la gastronomie même si l'on peut toujours se rattraper avec un des fabuleux cocktails fantaisie (vert, jaune, rose ou bleu) servis dans des verres disproportionnés et abondamment décorés de fruits tropicaux ou carrément dans un ananas ou une noix de coco.

LE MUSÉE DE LA LOGISTIQUE DES FORCES CANADIENNES

⓫

6560, rue Hochelaga
- Ouvert du mercredi au dimanche de 10 h à 16 h
- Il est recommandé de téléphoner afin de s'assurer de la disponibilité du conservateur, qui est le seul employé du musée
- Gratuit • Tél. 514 252-2777, poste 2241
- Métro : Langelier

Un musée dans une caserne

Il faut d'abord passer la barrière de contrôle de la garnison militaire de Longue-Pointe pour se rendre dans ce musée peu ordinaire. Une fois montrée patte blanche, on vous invite à vous rendre directement dans l'ancienne chapelle, à la fois catholique (Saint-Michel) et protestante (Sainte-Barbara), en service jusqu'en 1972, date à laquelle le musée s'y est installé.

Un vitrail et une croix témoignent d'ailleurs toujours de l'ancienne vocation religieuse de l'édifice. La collection du musée couvre les activités des Forces canadiennes depuis la guerre des Boers (1899-1902) jusqu'à aujourd'hui.

Si l'ancien musée du Corps royal canadien des magasins militaires (CRCMM), devenu musée de la logistique des Forces canadiennes, présente bien sûr des armes, dont certaines datent du XIXe siècle, on y découvre bien plus que cela.

En tout, près de 2 000 objets y sont présentés en lien avec l'approvisionnement en matériel nécessaire pour le combat, la formation et les opérations de maintien de la paix à travers le monde. Une belle collection de costumes dont certains ont été créés par Yves Saint-Laurent, des décorations diverses dont les fameuses croix de fer allemandes de la Seconde Guerre mondiale, de nombreux outils et même une vieille moto Triumph 500cc de 1957 en parfait état, et pour cause, elle ne compte que 3 km au compteur !

Plus émouvantes sont la carte de vœux fabriquée à partir d'une boîte de

corned-beef ou cette trousse à couture de 1940 fournie aux militaires et communément appelée « The housewife » (la femme au foyer)…

À l'extérieur du bâtiment, la visite se poursuit avec les véhicules militaires et notamment un tank Sherman de 34 tonnes ou un tank T-72 d'Allemagne de l'Est construit en ex-URSS ainsi qu'un avion des Forces canadiennes CF-105D.

LE MOULIN DE POINTE-AUX-TREMBLES

11630, rue Notre-Dame Est (angle 3ᵉ avenue)
- Ouvert au public les samedis et dimanches de 12 h à 17 h de mi-juin à début septembre
- Tél. 514 872-2240
- Bus lignes 86 et 189 arrêt Notre-Dame / 3ᵉ avenue

Vingt noms pour mémoire

Qui sont ces vingt personnages dont le nom est gravé en toutes lettres sur les bancs modernes autour du moulin à vent de Pointe-aux-Trembles ?

Ce bel édifice, situé au 11630, rue Notre-Dame Est, au cœur d'un quartier résidentiel, est un des derniers moulins du Québec qui en a compté pourtant jusqu'à 200. Aujourd'hui, ils ne sont plus que 18.

Le premier, qui vit le jour en 1626, n'a laissé aucune trace et le moulin de Pointe-aux-Trembles a bien failli connaître le même sort dans les années 1960-1970.

En 1719, les prêtres sulpiciens seigneurs de l'île de Montréal bâtissent ce moulin dans le Nord-Est de l'île de Montréal pour remplacer celui construit en aval entre 1671 et 1672 et emporté en 1718 par une crue printanière du fleuve. Le contrat est donné au maître maçon Jean-Baptiste Deguire, dit Larose. Le moulin sera en pierre des champs comme le veut la tradition et sert bien sûr à la fabrication de la farine même s'il est également utilisé comme forteresse en cas d'attaque. La meule tourne à plein régime durant presque tout le XVIIIᵉ siècle puis connaît ensuite une longue période d'inactivité au siècle suivant. En 1822, pour faire tourner une seconde meule et le rendre plus productif, on lui ajoute un étage. Cela en fera le plus haut moulin du Québec (13,70 mètres) mais pas le plus large (5,3 mètres de diamètre), d'où son bel aspect fin et élancé. Le moulin fonctionne jusqu'en 1861 et finit par perdre ses ailes avant le tournant du XXᵉ siècle. Au cours du XXᵉ siècle, sa survie est souvent menacée et un salon funéraire est même construit dans les années 1960 juste devant le moulin.

En 2001, grâce à l'intervention de l'Atelier d'histoire de Pointe-aux-Trembles, la ville acquiert le bâtiment historique et le terrain et, l'été 2005, procède à la destruction du salon funéraire. Une grande restauration est alors lancée. En 2007, le moulin est redressé (il penchait en raison d'un affaissement de terrain), on lui redonne des ailes et de nouvelles poutres intérieures, retrouvant ainsi son aspect du milieu du XXᵉ siècle.

Depuis, un parcours d'interprétation avec des outils multimédias et des « meules », permet aux visiteurs de vivre une expérience historique et culturelle. Un belvédère a également été construit pour permettre aux visiteurs de voir le fleuve.

Sur les bancs, on a gravé le nom des vingt meuniers qui ont dirigé le moulin.

LE SANCTUAIRE DU SACRÉ-CŒUR ⓫

3650, boulevard de la Rousselière (entre la 48ᵉ et la 50ᵉ avenue)
• Tél. 514 642-5391
• Bus lignes 40, 86 et 187 arrêt De La Rousselière / Prince Arthur

Un havre de tranquillité

Peu de Montréalais connaissent cette oasis de tranquillité et de recueillement située en bordure de l'autoroute métropolitaine 40, au niveau de la 50ᵉ avenue, dans le quartier Pointe-aux-Trembles. C'est pourtant un lieu de dévotion très fréquenté comme en témoigne l'immense stationnement à l'entrée du site, désert le jour de notre visite. Le sanctuaire vit dans la tranquillité à l'exception des jours de pèlerinages et grandes fêtes religieuses.

Première étape de la visite, la chapelle de la Réparation, reconstruite en 1910 sur les cendres du monument primitif de la fin du XIXᵉ siècle. Une grande statue dorée d'un christ rédempteur perché en haut du clocher semble accueillir le visiteur de ses bras ouverts. Un petit kiosque d'information permet d'en apprendre plus sur l'histoire du sanctuaire et de sa fondatrice Marie Hébert de la Rousselière. Née à Angers en 1840, cette fervente catholique dédiera sa vie à la promotion d'œuvres eucharistiques. Elle s'installe tout d'abord à Paris où elle fonde l'Association des prêtres adorateurs consacrée à la gloire de Jésus-Hostie. En 1886, elle arrive à Montréal avec une riche famille, les Brisset des Nos, dont un des membres a épousé sa sœur qui a décidé de quitter la France pour fuir la vague d'anticléricalisme qui y sévit. Dès son arrivée au Québec, Marie reprend ses activités religieuses et travaille à édifier un sanctuaire dédié à l'œuvre de la Réparation au Sacré-Cœur. À quelques lieues de Montréal, son beau-frère avait acheté, pour y passer l'été, une importante propriété couronnée par un petit bois. La beauté de ses arbres, sa situation pittoresque, et surtout la grande solitude qui y régnait, avaient de quoi séduire, pour qui aime se recueillir et prier. L'endroit était tout trouvé.

En 1896, une chapelle de bois est construite et, l'année suivante, un chemin de croix est tracé dans le boisé adjacent. Viendront ensuite une réplique de la Grotte de Lourdes et une Santa Scala (en rappel de « l'escalier saint » à Rome) en béton armé, remarquable avec ses airs d'église byzantine. Après le décès de sa sœur Clémentine en décembre 1900, Marie Hébert de la Rousselière retourne en France et, en 1902, prend le voile des carmélites d'Angers. Elle meurt en 1924, à l'âge de 84 ans. Entre-temps, le sanctuaire de Montréal est devenu un haut lieu de pèlerinage. Animé par les pères dominicains puis par les pères du saint sacrement jusqu'en 1918, il sera repris quelque temps par des prêtres séculiers avant l'arrivée en 1921 des gardiens actuels du sanctuaire, les frères capucins. Ces derniers font construire un monastère en 1922, à l'est de la chapelle de la Réparation. L'affluence des pèlerins s'accroît après la Seconde Guerre mondiale. En 1946, une chapelle ouverte est construite dans le boisé, à l'occasion du 50ᵉ anniversaire de la création du sanctuaire. Aujourd'hui, ce havre de tranquillité situé au cœur des quartiers résidentiels qui se développent et à quelques kilomètres des raffineries du nord de Montréal a de quoi surprendre.

LE PARC DU BOUT DE L'ÎLE

Pointe-aux-Trembles
Depuis la rue Notre-Dame Est, sortir sur la droite par la terrasse Sainte-Maria Goretti et ensuite encore à droite sur la 100ᵉ avenue pour rejoindre la rue Bureau. Tourner à gauche : l'entrée du parc se trouve à une centaine de mètres
• Bus ligne 86 arrêt terminus 100ᵉ avenue

Un coup de cœur

À l'extrémité est de l'île de Montréal, la rivière des Prairies rencontre la rivière des Mille Iles et le fleuve Saint-Laurent. En ce lieu symbolique se trouve un petit parc, visiblement pas assez important pour qu'on lui donne le nom d'un personnage célèbre : on l'a simplement appelé le parc du Bout de l'île.

On y trouve une aire de jeu pour enfants, une belle allée d'arbres et, tout au bord de l'eau, une grosse pierre sur laquelle on peut s'asseoir et regarder tout bonnement le paysage.

Pour un petit bonheur à deux, une pause lors d'une randonnée cycliste ou un pique-nique en famille, ce parc peu fréquenté mérite notre coup de cœur.

En face, on aperçoit les maisons de la ville de Repentigny, et un chapelet d'îles au milieu du Saint-Laurent aux noms évocateurs : à gauche l'imposante île Bourdon est traversée par la route 138, le fameux chemin du Roy qui mène à Québec.

Pour une autre belle balade tout proche, il faut reprendre la rue Bureau et tourner à gauche dans la 94ᵉ avenue jusqu'à la terrasse Bellerive. La longue ligne droite bordée d'une piste cyclable et d'une bande de verdure longe le fleuve. Sur de petits quais de bois sont amarrés quelques petits bateaux à moteur. En face, on découvre l'île Sainte-Thérèse, dont une partie est une réserve naturelle. Au milieu des années 1950, la rumeur a couru qu'un pont tunnel reliant Montréal à la rive sud passerait par l'île Sainte-Thérèse. Le prix des terres s'est emballé et les agriculteurs ont vendu leurs terres mais finalement le pont n'est jamais arrivé et l'île Sainte-Thérèse est retombée dans l'oubli et la quiétude.
Combien de Montréalais savent que le bonheur se cache ainsi, à quelques encablures du centre-ville ?

AUX ALENTOURS :

LA PROMENADE BELLERIVE

8300, rue Bellerive, depuis Notre-Dame Est en direction de la pointe de l'île, prendre à droite sur la rue Lebrun puis à droite sur la rue Bellerive

Dans les années 1960, les berges de l'actuel parc Bellerive se trouvaient à moins de vingt mètres de la rue Bellerive. L'été, les habitants du quartier venaient se baigner, pêcher, ou partir depuis la marina pour des promenades en bateau. Lors de la construction du tunnel Louis-Hippolyte-Lafontaine, entre 1963 et 1967, des milliers de tonnes de terre furent transportées le long de la promenade Bellerive, augmentant la largeur des rives à 240 mètres, sur 2,2 km de long. Il fallut pourtant attendre 1997 pour voir les premiers aménagements faire leur apparition et ce grâce à la mobilisation des riverains. Un chalet d'accueil vit le jour : le parc Bellerive était né. En 1995, on ajouta un quai flottant installé chaque été à la hauteur du belvédère ouest pour accueillir un service de navette fluviale vers les îles Boucherville. Une scène fut installée de façon permanente en 2001 permettant d'accueillir plusieurs groupes musicaux et autres spectacles. Initiation à la pêche, observation des oiseaux, interprétation du transport maritime (le port de Montréal est tout proche), activités de danse en plein air… Le parc connaît sa plus belle journée fin juin lors des célébrations de la fête de la Saint-Jean.

LE PARC NATIONAL DES ÎLES-DE-BOUCHERVILLE

55, île Sainte-Marguerite
Depuis Montréal, sortie île Charron sur l'autoroute 25 (après le tunnel)
• Tél. 450 928-5088

Dès la sortie du tunnel qui relie Montréal à la rive sud du Saint-Laurent, au beau milieu du fleuve, cinq îles principales et quelques îlots forment le parc national des îles de Boucherville. 21 km de pistes cyclables, 28 km de randonnée pédestre, la possibilité de louer canots, kayaks, de nombreuses aires de pique-nique, des activités de découvertes avec des guides… De quoi passer une belle journée. Un petit bateau tiré par des filins relie l'île Sainte-Marguerite à l'île à Pinard, de mai à octobre. On peut observer sur les îles plus de 240 espèces d'oiseaux terrestres et aquatiques et presque caresser les nombreux cerfs de Virginie qui ont trouvé là le territoire de leur rêve.

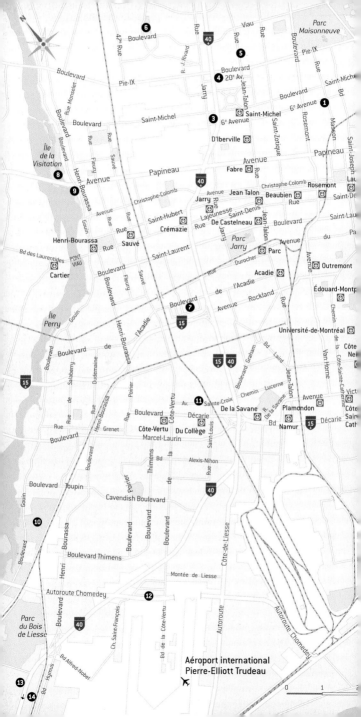

ROSEMONT, LES QUARTIERS DU NORD ET DE L'OUEST DE L'ÎLE

L'ÉGLISE SAINT-ESPRIT DE ROSEMONT ❶

2851, rue Masson (entre les 5ᵉ et 6ᵉ Avenues)
- Ouverte tous les matins
- Messes du lundi au vendredi à 8 h 30 (dimanche à 9 h et 11 h)
- Métro : Laurier et bus 47 direction Est
- Tél. 514 376-3920

> *La seule église Art déco de Montréal*

Au cœur du vieux Rosemont, l'église Saint-Esprit est la seule église Art déco de Montréal et l'une des rares du Canada.

Dans les années 1920, des centaines de familles s'installent dans ce quartier ouvrier et la chapelle ne suffit plus aux besoins de la paroisse. La construction d'une église est engagée sur le même site en 1922, mais sa partie supérieure ne débutera qu'en 1931 pour se terminer en 1933. Pendant dix ans, les fidèles devront se contenter d'un soubassement pour pratiquer leur culte.

L'Art déco étant le mouvement en vogue dans les années 1930, l'église alors baptisée Sainte-Philomène (elle deviendra Saint-Esprit en 1964) adoptera naturellement cette architecture moderne. La Grande Dépression, d'autant plus qu'à cette époque la majorité des églises de la ville étaient déjà construites, fit en sorte que Sainte-Philomène reste aujourd'hui la seule église Art déco de la ville.

Caractérisé par ses lignes droites épurées et élégantes, le monument possède un plafond plat. Sa décoration est intégrée à la structure, à l'image des quatre anges sur la façade extérieure, collés au mur ou encore le chemin de croix en triptyque qui semble sculpté à même la rampe de la tribune à l'étage. L'ensemble donne une impression d'harmonie que rien ne vient briser. Seuls éléments plus fastueux : les vitraux, réalisés par le maître

verrier Guido Nincheri, et le clocher néogothique qui fut démantelé en 1949 car il était devenu instable en raison des explosions dans une carrière avoisinante.

Le magnifique orgue Casavant (célèbre facteur d'orgues dans toute l'Amérique du Nord) a lui aussi été endommagé par une infiltration d'eau, mais une restauration a été lancée en 2010 par une campagne de financement.

Au fil des années, contrairement aux autres églises de Montréal, la décoration intérieure est restée en l'état, ce qui a valu à l'église Saint-Esprit d'entrer en 1991 sur la liste des monuments du patrimoine de la ville.

LES ANCIENS ATELIERS ANGUS

2925, Rachel Est
- Ouvert tous les jours de 8 h à 21 h
- Métro : Préfontaine

Une grue dans un supermarché !

Jusqu'en 1991, ce haut bâtiment de brique rouge aujourd'hui transformé en supermarché était un immense atelier de réparation de locomotives.

On peut encore y découvrir à l'intérieur une immense grue jaune transversale installée en hauteur : il en fallait deux comme celle-là pour soulever une locomotive afin d'y faire des vérifications, des réparations ou des ajustements !

Appelé Locoshop, l'édifice originel mesurait 406 mètres de long. Coupé en deux lors de son démantèlement, il ne conserve aujourd'hui que la partie où est installé le supermarché. Du reste du bâtiment, seul un mur de brique subsiste, cachant un parking. Soutenu par des contreforts métalliques et planté de végétation à sa base, ce mur fantôme qui semble tenir dans le vide simule depuis la rue Rachel la continuité de l'ancien atelier.

Le Locoshop se trouvait au début du XIXe siècle au cœur du complexe industriel appelé Shops Angus, du nom d'un des directeurs fondateurs de la compagnie de chemin de fer Canadien Pacifique.

Inaugurés en 1904, les Shops Angus étaient une ville dans la ville. S'étalant sur plus de 5 km², ils comptaient 68 bâtiments dont le plus long mesurait plus d'un demi-kilomètre. Au plus fort de la production, près de 12 000 travailleurs y étaient employés. Pour les loger, on construisit un quartier ouvrier qui, en 1910, deviendra le quartier Rosemont.

L'usine était autonome : on y faisait entrer de l'acier et l'on en sortait d'immenses locomotives à vapeur ou des wagons.

Pendant les deux guerres mondiales, on interrompit la production ferroviaire pour fabriquer en 1914-1918 des obus et, entre 1939 et 1944, 1 700 chars d'assaut Valentine expédiés en Russie pour renforcer l'armée Rouge.

Dans les années 1960-1970, avec la décroissance du secteur ferroviaire au profit de la route, les usines Angus s'étiolèrent. Petit à petit, les ateliers ferment et les terrains se libèrent. Le 31 janvier 1992, la dernière locomotive réparée aux Ateliers Angus franchit les portes de l'usine.

Les activités de la compagnie se poursuivent maintenant à Winnipeg au Manitoba. À la fin des années 1990, le supermarché s'installa dans le Locoshop à côté de l'ancienne caserne de pompiers et de police et sa célèbre tour carrée surmontée d'un toit pointu qui accueille une succursale de la SAQ (Société des alcools du Québec). C'est tout ce qui reste des Shops Angus.

L'ÉGLISE SAINT-BERNARDIN-DE-SIENNE ❸

7979, 8ᵉ avenue, Saint-Michel
• Tél. 514 721-3411
• Métro : Saint-Michel
• Messe : le dimanche 9 h 30

*Une fusée
et un hangar*

Comment ne pas remarquer l'église Saint-Bernardin-de-Sienne en bordure de l'autoroute métropolitaine, sur la 8ᵉ avenue, avec son clocher blanc en forme de fusée et son corps principal en forme de hangar d'avion ?

À l'époque de sa construction en 1956, le design novateur de l'église détonnait dans le quartier Saint-Michel qui, avant la Seconde Guerre mondiale, était encore une vaste étendue de champs et de parcelles exploitée par des fermiers et des maraîchers.

La paroisse Saint-Bernardin-de-Sienne avait été créée en 1911 et les premières messes furent célébrées dans une salle paroissiale déménagée entièrement depuis une paroisse voisine, enchaînée à des billes de bois et tirée par des chevaux.

Quel contraste avec l'architecture moderne de l'église des architectes Duplessis, Labelle et Derôme. D'emblée, le visiteur est frappé par l'ampleur du bâtiment : 26 mètres (86 pi) de large au transept pour une longueur totale de 52 mètres (172 pi).

D'immenses verrières laissent passer la lumière au-dessus de l'orgue et à chacune des extrémités du transept. À l'intérieur, l'absence de cadres dans la charpente donne une grande ampleur à ce vaisseau décoré par des luminaires qui épousent la forme conique du toit et sont percés d'ouvertures laissant filtrer un jeu de lumière qui se projette sur les murs. De nombreux jours en verre coloré, placés en quinconce dans la voûte du chœur, donnent des effets de toute beauté. La nuit, à l'extérieur, le sanctuaire de l'église éclairée de l'intérieur brille de feux multicolores.

Le mobilier, de bois et de granit bleu de Suède, a également été dessiné par les architectes. Quant au clocher, détaché du bâtiment, il renferme un carillon composé de quatre cloches fabriquées en France par un fondeur d'Orléans et qui ont traversé l'Atlantique par bateau. Chacune de ces cloches, de la plus petite (232 kg) à la plus grosse (808 kg), a été baptisée à son arrivée par le cardinal québécois Paul-Émile Léger : saint Pie X, Joseph Alide, Paul-Émile et Eugène forment ainsi un vrai carillon.

Hélas, l'église Saint-Bernardin-de-Sienne est menacée. Victime de la pollution et des vibrations de l'autoroute toute proche, son état est critique et nécessite de coûteuses réparations. Si l'on ajoute le fait que la paroisse d'aujourd'hui manque de fidèles, l'église pourrait bien être vendue dans les années à venir et même, dans le pire des cas, détruite.

LA PLACE DE L'UNITÉ ❹

7655, 20ᵉ avenue, le long du boulevard Crémazie Est
- Tél. 514 722-2477
- Métro : Saint-Michel

Mémoire d'Haïti

C'est le long de l'autoroute Métropolitaine, au croisement de la 20ᵉ avenue et du boulevard Crémazie, que l'on trouve une fort jolie fontaine entourée de statues en hommage à Haïti.

Cette petite place de l'Unité, qui commémore le passé de la première république noire de l'Histoire, a été aménagée en mai 2007 sur le parvis de l'ancienne église Saint-Damasse, qui accueille aujourd'hui le centre culturel haïtien « La Perle retrouvée ». Les quatre statues et les deux bustes représentent des personnages clés de la révolution haïtienne qui mènera à l'indépendance du pays le 1ᵉʳ janvier 1804, succédant ainsi à la colonie française de Saint-Domingue. On retrouve Toussaint Louverture, héros de la révolte des esclaves de 1791, Jean-Jacques Dessalines, premier empereur d'Haïti sous le nom de Jacques Iᵉʳ, Alexandre Pétion 1ᵉʳ président de la République du sud de l'île et Henri Christophe, président puis roi de la partie nord d'Haïti. Les deux bustes, eux, consacrent Sanite Bélair, lieutenante de Toussaint Louverture et Catherine Flon, qui aurait donné naissance au drapeau haïtien. L'histoire raconte qu'au congrès de l'Arcahaie, en 1802, Jean-Jacques Dessalines ayant déchiré le blanc du drapeau français représentant la monarchie, Catherine Flon aurait alors cousu les bandes rouges et bleues en utilisant ses cheveux comme fil. Le drapeau haïtien était né.

Depuis son ouverture, la place de l'Unité est devenue un lieu de rassemblement symbolique pour les membres de la communauté haïtienne de Montréal. Le quartier de Saint-Michel, où elle est installée, accueille le plus fort pourcentage d'habitants d'origine haïtienne à Montréal. L'association « La Perle retrouvée » s'efforce de promouvoir la culture haïtienne, de la danse folklorique à la chorale, en passant par des cours de créole, des soupers-spectacles et des manifestations à caractère vaudou. Les Haïtiens du monde entier sont invités à participer au financement des activités de l'association grâce à l'achat de plaques de bronze qui sont ensuite placées sur les socles des statues.

LE MINI-PUTT JEAN-TALON ❺

4400, rue Jean-Talon Est, Saint-Léonard
• Ouvert tout l'été
• Métro : Saint-Michel

Toute une époque !

Qui pourrait penser que ce vieillissant terrain de golf miniature situé au fond du stationnement d'un centre commercial connut des heures de gloire sous le feu des projecteurs d'une émission de télévision extrêmement populaire. L'histoire commence en 1970 avec Jean Benoît qui importe des États-Unis le concept du minigolf qui n'existait pas au Québec jusqu'alors. Il crée la marque de commerce et la franchise Mini-Putt et en trois ans près de 200 parcours sont construits dans la province. Le premier de ces terrains sera le Mini-Putt Jean-Talon. Une mode était née. Ce nouveau loisir conçu au départ comme un amusement familial devient vite un véritable jeu compétitif. De nombreux tournois sont organisés attirant jusqu'à 1 000 participants. Joueurs d'élite, amateurs hommes, femmes et juniors s'affrontent dans des catégories différentes. Mais c'est avec l'apparition sur les ondes de la télévision TVSQ (Télévision des sports du Québec) devenue RDS (Réseau des sports) en 1989 que ce nouveau « sport » va captiver les foules. Au début des années 1990 près de 1,2 million de téléspectateurs sont rivés derrière leur petit écran pour suivre l'émission hebdomadaire du Défi Mini-Putt tournée sur le terrain Jean-Talon. Un succès d'audience sans précédent pour la chaîne juste derrière les matchs de baseball des Expos de Montréal !

Les héros de ces retransmissions télévisées sont les champions Carl Carmoni, le couple formé par Suzanne et André Buis, Jocelyn Noël « l'éternel deuxième », Gilles « The Champ » Bussières, sans oublier le commentateur Serge Vleminx et son célèbre « Biiiiiirdie ! » crié à l'antenne. Le Mini-Putt sera hélas victime de son succès. Au milieu des années 1990, dans certaines villes, les terrains sont tellement nombreux qu'ils se touchent presque. De nouvelles

franchises arrivent, la compétition entre entrepreneurs est féroce. Arrivent alors les années noires. Des centaines de terrains ferment et à la fin des années 1990, les retransmissions télévisées commencent à battre de l'aile faute de trouver suffisamment de publicité pour se financer. La saison de l'année 2000 sera la dernière du Défi Mini-Putt qui quitte définitivement l'antenne. Carl Carmoni qui organise toujours une quinzaine de tournois par an au Québec ne désespère pas de relancer le minigolf ni même de le revoir un jour à la télévision. Ce serait l'occasion de redonner un coup de jeune au terrain Jean-Talon.

LA CAVERNE DE SAINT-LÉONARD ❻

Parc Pie-XII
5200, boulevard Lavoisier
• De fin mai à mi-août • Ouvert du mardi au samedi
• Réservations nécessaires au moins deux semaines avant la date
souhaitée • 9 $ (réduit) et 10 $ (adulte) • Âge minimum : 6 ans
• Tél. 514 252-3323
• Bus 132 (station Viau) et 32 (station Cadillac) direction Nord

Spéléologie urbaine

S'il vous arrive de croiser en plein dans le parc Pie-XII un groupe d'une quinzaine de personnes vêtues de pantalons, de bottes de pluie et de gants avec un casque et une lampe frontale sur la tête, vous ne rêverez pas. Il s'agira de visiteurs du site cavernicole de Saint-Léonard, un lieu d'exploration spéléologique d'autant plus rare qu'il se situe en pleine ville.

Neuf mètres sous terre, la température ne dépasse pas 5 °C et le taux d'humidité avoisine les 100 %. Si l'on rajoute la boue au sol, on comprend pourquoi il faut s'équiper avant la visite.

De nombreuses histoires et légendes circulent autour de ce site (des Amérindiens y auraient logé avant l'arrivée des Occidentaux ; il aurait été utilisé par les Patriotes de la rébellion de 1837 contre l'occupant anglais pour y entreposer des armes) mais aucune de ces spéculations n'a encore été étayée par des découvertes scientifiques sur place.

Ce n'est qu'en 1935 que le grand public découvrit cette caverne après la parution d'un article du journal *Le Spectateur*. Dans les années 1960, elle fut le terrain de jeu des écoliers de l'école Pie-XII toute proche. Les enfants connaissaient bien le trou dans le sol qui donnait accès à la grotte. En 1979, le site fut enfin reconnu par la ville qui décida de l'ouvrir officiellement au public à partir de 1981. La caverne également nommée « trou de fée » fut alors aménagée.

Un escalier en facilite désormais l'accès et une porte placée à l'entrée évite les intrus. Les visites sont encadrées par la société québécoise de spéléologie. Chaque descente s'effectue avec un guide expérimenté qui vous initie aux mystères de la formation des passages ouverts par la poussée des glaciers, il y a des millions d'années. Après un rapide diaporama décrivant le monde de la spéléologie, les visiteurs débutent l'exploration par une salle longue d'environ treize mètres sur trois de large et deux de haut. Ils peuvent y observer les différentes strates du sol ainsi que de nombreux fossiles et, dans une petite niche, des stalactites et stalagmites hélas en partie brisées par des vandales. Ensuite, le couloir se rétrécit et mène à un carrefour de fractures d'où l'on peut descendre encore de cinq mètres à l'aide d'échelles et explorer la veine principale. L'ensemble du parcours s'étale sur environ trente-cinq mètres. Les visites, d'une durée d'une heure quarante-cinq minutes, ne s'effectuent que pendant la saison estivale et, tous les ans, plus de trois mille privilégiés découvrent ce lieu insolite, profitant de sa fraîcheur naturelle.

LES SERRES LUFA

1400, rue Antonio-Barbeau
• Tél. 514 669-3559 • https://lufa.com
• Bus lignes 179 et 365 arrêt de L'Acadie / Legendre
• Visites organisées pendant les journées portes ouvertes tous les trois mois

Agriculture urbaine sur un toit

Ouverte en 2011, la serre Lufa est la première serre commerciale au monde qui ait été installée sur un toit.

Située au 1400, rue Antonio-Barbeau près du Marché central, au sud du boulevard de l'Acadie, elle est perchée sur un immeuble au cœur d'un quadrilatère d'entrepôts commerciaux : un endroit tout à fait inattendu pour une serre biologique.

Et pourtant, elle a fière allure avec ses grandes baies vitrées et son ossature d'aluminium et d'acier galvanisé. Au départ, le défi était de taille : faire pousser toute l'année des légumes issus d'une agriculture responsable sur un toit de près de 3 000 m² (31 000 pieds), deux fois la taille de la patinoire du centre Bell.

Environ 25 variétés de légumes et fines herbes sont cultivées ici sans pesticide, fongicide ou herbicide, tout s'effectuant par contrôle biologique. Des insectes sont par exemple volontairement introduits afin d'aider à en contrôler d'autres, nuisibles ceux-là.

Au cours des visites organisées pendant les journées portes ouvertes, les visiteurs doivent enfiler une blouse blanche, se laver les mains et passer leurs chaussures dans un pédiluve, tout cela pour préserver l'équilibre

naturel de la serre. Résultat de cette méthode de culture : des légumes de qualité au goût préservé. Pour en garder toute la fraîcheur, les produits sont livrés ensuite dans un rayon de 5 km autour de la ferme urbaine. Pour les déguster, il faut s'abonner à un « panier » hebdomadaire qui contiendra une sélection de laitues, tomates, concombres, poivrons, aubergines, choux chinois, etc. et un mélange de fines herbes. L'assortiment est ensuite placé dans une caissette et distribué dans un point de chute situé près de chez vous où vous irez le récupérer.

Selon des experts, environ 10 % des toits des villes canadiennes pourraient accueillir un potager.

LES MOULINS DU SAULT-AU-RÉCOLLET

Parc de l'île de la Visitation - 2425, boulevard Gouin Est
• Tél. 514 280 6733
• Musée et bistro des Moulins - 10 897, rue du Pont
• Tél. 514 850-4222 et 514 850-0322
• Métro : Henri-Bourassa
• Autobus 69 Gouin Est, arrêt rues Saint-Firmin ou Parthenais

« *On ne se croirait pas à Montréal !* »

« On ne se croirait pas à Montréal ! » lancent spontanément beaucoup de visiteurs qui se rendent pour la première fois au parc nature de l'île de la Visitation. À la fois réserve naturelle et site historique, ce parc constitué en 1984 est situé au nord-ouest de l'île dans le prolongement de l'avenue Papineau en bordure de la rivière des Prairies.

Ce lieu méconnu de bien des Montréalais s'étale sur 34 ha et comprend de superbes rives boisées que l'on découvre par un sentier pédestre mais aussi de nombreux vestiges d'un passé agricole puis industriel qui remonte au début du XVIII⁰ siècle.

En 1724, le meunier Simon Sicard entreprend la construction d'une digue de plus de cent mètres de long reliant l'île de Montréal à la petite île de la Visitation (nommée Branchereau à l'époque) sur des terrains appartenant aux Sulpiciens. Les premiers moulins alimentés par les rapides de la rivière s'installent, d'abord pour la coupe du bois puis pour la farine. La maison du Meunier est construite en 1727. Elle existe toujours aujourd'hui et accueille un charmant bistro et un petit musée qui présente une exposition sur le thème d'un magasin général des années 1900. La terrasse et sa douzaine de tables surplombent une jolie cascade donnant au lieu un charme bucolique, idéal pour débuter une belle soirée d'été par un 5 à 7 romantique.

Avec l'invention de la turbine dans les années 1830, le site des Moulins prend un virage industriel. On produit toujours de la farine mais surtout du carton fabriqué avec de vieux papiers, des chiffons et du cuir récupéré. Les moulins deviennent alors un des gros employeurs de la région et tourneront jusqu'à la fin des années 1970.

Le site racheté par la ville sera laissé à l'abandon une vingtaine d'années avant qu'il ne soit finalement décidé d'en faire un lieu patrimonial. On démolira alors les murs de briques des usines pour ne garder que les vieux murs de pierres des champs. Des arbres seront plantés au milieu des ruines, symbolisant l'espace occupé par les moulins d'autrefois. L'ensemble du nouveau site ouvert en 1998 sera confié à l'organisme Cité Historia qui en assure la gestion et la mise en valeur. Du printemps à l'automne, des visites guidées en costume d'époque sont proposées aux visiteurs, dont certaines à bord d'un petit train qui est une réplique d'un tramway des années 1920.

LA STATUE D'AHUNTSIC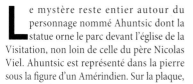

Parc de l'église de la Visitation - 1847, boulevard Gouin Est
• Métro : Henri-Bourassa

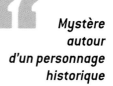

Mystère autour d'un personnage historique

L e mystère reste entier autour du personnage nommé Ahuntsic dont la statue orne le parc devant l'église de la Visitation, non loin de celle du père Nicolas Viel. Ahuntsic est représenté dans la pierre sous la figure d'un Amérindien. Sur la plaque, au pied de la statue, on peut lire : « *Ce monument a été érigé le 24 mai 1903 par les paroissiens du Sault-au-Récollet pour perpétuer le souvenir de la mort héroïque du jeune néophyte Ahuntsic précipité par de méchants Hurons avec son père spirituel Nicolas Viel, récollet, au dernier sault de la rivière des Prairies au printemps 1625* ». Tel est le récit que fait en 1636 le missionnaire jésuite Paul Le Jeune de la mort des soi-disant « deux premiers martyrs canadiens ». Une version que l'on retrouve sur une stèle de granit plantée dans l'actuel parc Nicolas-Viel tout proche, qui dit : « *Dans ces rapides le père récollet Nicolas Viel et son néophyte Huron Ahuntsic, premiers martyrs canadiens, furent jetés en haine de la foi par leurs guides païens le 25 juin 1625. Cet endroit a depuis été connu sous le nom de Sault-au-Récollet* ». Cette première version de la mort de ces deux personnages historiques est battue en brèche par le récit que fait, après sa visite sur les lieux en 1749, le naturaliste suédois Peter Kalm : « *Il (Nicolas Viel) descendait dans un bateau avec un sauvage converti et quelques autres sauvages de la nation des Hurons, dans le but de se rendre à Québec. Mais, alors qu'il passait à cet endroit de la rivière, le canot chavira et il se noya ainsi que son néophyte* ». Le néophyte en question était Ahuntsic, alors encore identifié comme un Huron « instruit et baptisé », qui n'aurait donc pas été assassiné, mais serait mort noyé dans un accident. En 1942, le brave Ahuntsic perdra cette fois son titre d'Indien lorsque le père franciscain Archange Godbout démontra qu'il s'agissait en fait d'un jeune Français et non d'un Huron. Ahuntsic ne serait que le surnom donné par les Hurons au jeune aventurier baptisé « Auhaïtsique », du nom d'un petit poisson vif et rapide. La théorie du meurtre s'étant fissurée au fil du temps, on décida ces dernières années de modifier les symboles témoignant de cette histoire encore mystérieuse. Sur la façade de l'église de la Visitation, la plaque de 1926 fut changée, on y lit désormais : « *Ici, au dernier sault de la rivière des Prairies le 25 juin 1625 se sont noyés le récollet Nicolas Viel et son jeune compatriote surnommé Auhaïtsic* ». Idem pour la stèle du parc Nicolas-Viel dont l'inscription dans la pierre a été recouverte en octobre 2010 d'une plaque de marbre noir sur laquelle est gravé : « *Le 25 juin 1625 ont péri dans ces rapides, Nicolas Viel et son compatriote surnommé Auhaïtsic par les Hurons-Wendat. Ce lieu a depuis été nommé Sault-au-Récollet* ». L'actuel historien québécois Jean-Pierre Sawaya qui se passionne pour les relations entre colons et Amérindiens n'est pas étonné des différentes interprétations : « *L'histoire des relations entre les Indiens et les Français est ancienne et elle n'est pas toute écrite. Il y a beaucoup de ouï-dire et cela fait partie de notre patrimoine. Même s'il n'y a pas de certitude, ce n'est pas grave, ça nourrit l'imaginaire. Elle est faite de ça, l'histoire du Québec* ».

LE BOIS DE SARAGUAY

9095, boulevard Gouin Ouest
Entrée du parc par l'avenue Jean-Bourdon
• Bus lignes 68, 382, 468 arrêt Gouin /Joseph-Saucier

Une forêt primaire

Injustement méconnu, le parc nature du Bois-de-Saraguay est la plus belle et la plus ancienne forêt de l'île de Montréal. Elle est aussi la mieux préservée. Le boisé renferme plus de 350 espèces végétales et de nombreux arbres centenaires. Outre les érables argentés, les ormes d'Amérique, les frênes de Pennsylvanie et les frênes noirs, on y dénombre des essences rares comme l'érable noir, le chêne bicolore ou le micocoulier occidental.

137 espèces d'oiseaux y ont été répertoriées ainsi que de nombreux mammifères comme le castor, le rat musqué ou la marmotte. Au début du XVIIIᵉ siècle, les tout premiers observateurs de la végétation sur l'île de Montréal avaient repéré et reconnu la qualité du boisé de Saraguay et l'avaient désigné sous le nom de « beau bois ». Le parc a failli disparaître en 1979 pour faire place à un projet de tours d'habitation. Grâce aux pressions de plusieurs associations, il a été sauvegardé et déclaré arrondissement naturel en 1981, puis parc nature, même s'il n'a jamais encore été réellement mis en valeur ni officiellement ouvert au public : ce trésor de biodiversité reste protégé par des clôtures et est encore classé « parc en devenir », même si des sentiers piétonniers parcourent déjà les 97 hectares de ce parc marécageux et que les portes de ce bois sont ouvertes à l'année.

AUX ALENTOURS :

LE MANOIR MACDOUGALL
9095, boulevard Gouin Ouest
Au coin de l'avenue Jean-Bourdon et de l'avenue Joseph-Saucier
En plus de sa forêt, le bois de Saraguay comprend également le domaine Ogilvy, l'île aux Chats et la maison Mary Dorothy Molson, également appelée le manoir MacDougall. Cette dernière rappelle la fastueuse époque de la haute bourgeoisie anglophone qui, au début du XXᵉ siècle, s'était installée dans les somptueuses demeures du village de Saraguay, le long de la rivière des Prairies. Le manoir MacDougall reste aujourd'hui une des résidences les mieux conservées. Construite en 1930 par l'architecte Alexander Tilloch Galt Durnford, elle a été jusque dans les années 1970 la propriété de la famille Molson-MacDougall. La communauté urbaine de la ville de Montréal en fit l'acquisition en 1981. Elle fait aujourd'hui partie des monuments historiques de la ville de Montréal, ce qui en assure sa sauvegarde. Depuis 1998, le manoir sert de lieu de tournage pour des productions de cinéma ou de télévision, mais des projets d'ouverture au public sont envisagés.

LE MUSÉE DES MAÎTRES ET ARTISANS DU QUÉBEC

615, avenue Sainte-Croix (arrondissement de Saint-Laurent)
- Tél. 514 747-7367
- Métro : Du-Collège
- Ouvert du mercredi au dimanche de 12 h à 17 h, entrée 7 $, 4 $ pour les étudiants

U ne collection riche et originale dans un écrin prestigieux : une formule qui résume bien le musée des Maîtres et Artisans du Québec, situé sur le campus du CEGEP Saint-Laurent, avenue Sainte-Croix.

Une collection riche et originale dans un écrin prestigieux

Le musée occupe en effet la magnifique église néogothique presbytérienne Saint-Paul qui trônait autrefois fièrement sur le boulevard Dorchester (aujourd'hui René-Lévesque Ouest). En 1931, l'église fut expropriée pour laisser la place à une gare ferroviaire. Les Pères de Sainte-Croix l'achetèrent pour 1 $ symbolique. En deux mois, l'église fut démontée et reconstruite pierre par pierre pour rejoindre le terrain du collège Saint-Laurent dont elle deviendra la chapelle catholique. Avec la laïcisation de l'enseignement, elle abritera ensuite le musée d'Art de Saint-Laurent, fondé en 1979, qui deviendra musée des Maîtres et Artisans en 2003, en même temps qu'il se refait une beauté.

Sa collection impressionnante, plus de 10 000 objets reliés aux arts et aux traditions artisanales du Québec du XVIIe siècle à nos jours, oriente sa vocation de transmission du savoir entre générations. Environ 400 objets font partie de la nouvelle exposition permanente. Intitulée « Mains de maîtres », elle peut se visiter accompagné d'un audioguide enregistré par le conteur Fred Pellerin. On peut y découvrir des meubles, tissus, objets sacrés et divers, jouets, bijoux, statues... qui ont marqué au fil des siècles le quotidien des Canadiens français. La partie centrale de l'ancienne église aux magnifiques voûtes en bois sculpté est consacrée aux expositions temporaires.

LES « CHASSEURS D'AVIONS » DU BOULEVARD PITFIELD

Le long de l'autoroute 13 au croisement du boulevard de la Côte-Vertu
• Bus ligne 174 arrêt Côte-Vertu / Pitfield

*Montréal,
le paradis des
« planespotters »*

On les appelle les « planespotters » ou adeptes de la « plane-spotting ». Cette activité originale attire chaque jour plusieurs milliers de personnes autour des terrains d'aviation du monde entier. Leur passion : observer les avions qui décollent ou se posent, prendre des photos, vérifier les horaires ou encore relever les plaques d'immatriculation pour rechercher ensuite les informations techniques des spécimens observés…

Pour les « planespotters », Montréal est un des meilleurs endroits au monde : la plupart des aéroports sont en effet très stricts et refusent l'accès aux personnes qui s'approchent trop près des grilles autour des pistes, ce qui n'est pas le cas à Pierre-Eliot-Trudeau, où la cohabitation avec les autorités aéroportuaires se fait sans problème. En échange, il n'est pas rare que les « planespotters » préviennent les veilleurs de l'aéroport d'un danger potentiel.

Tout autour des deux grandes pistes, de nombreux « spots » attirent ainsi les « chasseurs d'avions ». Le plus connu d'entre eux se situe dans un cul-de-sac du boulevard Pitfield près de l'autoroute 13, juste à l'extrémité de la grande piste où se posent en général les plus gros avions. Il est parfait en début d'après-midi lorsque les premiers vols internationaux arrivent : les avions passent carrément au-dessus des observateurs (effet décoiffant garanti), et le bruit des réacteurs en phase d'atterrissage n'est pas trop bruyant.

Depuis mai 2012, le boulevard Pitfield a de la concurrence : l'aéroport de Montréal a en effet ouvert le parc Jacques-de-Lesseps – du nom du pionnier français de l'aviation qui fut le premier à survoler Montréal en 1910 – un espace spécialement aménagé pour les planespotters à l'angle des rues Halpern et Jenkins. Quelques bancs et une petite estrade permettent même à une trentaine de personnes d'observer de près les avions.

LE TEMPLE THIRU MURUGAN

1611, boulevard Saint-Regis à Dollard-Des-Ormeaux
• Tél. 514 683-8044
• Ouvert le matin de 8 h à 13 h 30 et le soir de 17 h à 21 h
• Pooja (cérémonie) à 9 h, midi et 17 h
• Métro : Côte-Vertu puis bus 215 arrêt 1611 Saint-Regis

> *Un autre monde au coin de la rue*

On dit de Montréal que c'est la ville aux cent clochers, mais c'est aussi celle des mosquées, des synagogues et des temples orientaux.

Le temple Thiru Murugan, au 1611 boulevard Saint-Regis, à Dollard-Des-Ormeaux, est l'un des plus beaux et il se fait remarquer dans ce quartier résidentiel loin des circuits touristiques.

Le lieu mérite la visite. Conçu par neuf architectes indiens, le temple Thiru Murugan a été le premier au Canada à avoir été construit selon les règles millénaires du shivaïsme, une branche de la religion hindoue présente surtout dans le sud de l'Inde et au Sri Lanka.

La communauté tamoule de Montréal, qui compte environ 20 000 membres, l'a inauguré en 2006. Il reproduit une architecture originale indienne à peine modifiée. Très impressionnant de l'extérieur avec sa tour et sa corniche blanches finement sculptées, le temple surprend par sa vaste salle intérieure où sont disséminés les différents petits autels dédiés aux divinités. L'ensemble est coloré et les parfums exotiques vous transportent au bout du monde.

Les responsables des lieux sont ouverts à l'accueil des personnes issues d'autres traditions religieuses. Il suffit d'être discret et respectueux et d'enlever ses chaussures à l'entrée.

AUTRE TEMPLE DANS L'OUEST DE L'ÎLE :

LE TEMPLE SIKH NANAK DARBAR
7801, rue Cordner à ville LaSalle
• Tél. 514 595-1881
• Métro : Angrignon et bus 109 boulevard Shevchenko direction sud arrêt Cordner-Chopin

Érigé en 2001 par la communauté sikh, le temple sikh Nanak Darbar est un véritable palais des mille et une nuits. Ce grand édifice blanc aux coupoles dorées culmine à plus de 21 mètres et est l'un des plus grands temples sikh au monde. Les visites s'effectuent pieds nus et les cheveux couverts mais des écharpes sont disponibles sur place.

LE CHEMIN DE SENNEVILLE ⓮

• Bus ligne 68 arrêt Gouin / Lauzon

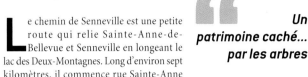

Un patrimoine caché... par les arbres

Le chemin de Senneville est une petite route qui relie Sainte-Anne-de-Bellevue et Senneville en longeant le lac des Deux-Montagnes. Long d'environ sept kilomètres, il commence rue Sainte-Anne au nord de l'autoroute 20, entre ensuite dans le village de Senneville au nord de l'autoroute 40 et se dirige vers le nord-ouest pour rejoindre le boulevard Gouin au croisement du chemin de l'Anse-à-l'Orme.

Véritable incursion champêtre dans l'Ouest de l'île de Montréal, on y croise les dernières fermes, des boisés, des prés, des vergers et de vastes propriétés au bord de l'eau dissimulées derrière de longs murs de pierre.

Senneville figure parmi les anciennes localités du Québec. En 1679, Michel-Sidrac Dugué, officier de l'armée française et gouverneur de l'île de Montréal, vend son fief de Boisbriand à Jacques Le Ber et à son associé dans le commerce de la fourrure Charles LeMoyne qui est également son beau-frère. Jacques Le Ber rebaptise alors du nom de Senneville le fief de Boisbriand, en souvenir de sa ville d'origine en France (aujourd'hui Senneville est un hameau d'Amfreville-sous-les-Monts en Haute-Normandie). On y construit successivement un moulin à vent et un petit fort, qui seront tous deux détruits par les flammes. Des colons s'installent sur ces terres fertiles mais ce n'est qu'en 1895 qu'un groupe de citoyens décide de créer le village que l'on retrouve aujourd'hui. Au cours de cette seconde moitié du XIXe siècle, Senneville devient alors un lieu privilégié de villégiature de la grande bourgeoise montréalaise. À cette époque, le chemin de fer du Grand Tronc, inauguré en 1865, donnait un accès rapide et confortable à cette partie encore naturelle de l'île. Les familles Dow, Abbott, Todd, Angus, Meredith, Morgan et Forget, piliers de l'économie canadienne, menaient grand train de vie entre leur résidence du centre-ville et leur grand domaine du bord de l'eau. Pour construire et aménager leurs luxueuses résidences, ils firent appel aux meilleurs architectes et paysagistes de leur temps. C'est pour marquer cette synergie établie entre les grands financiers montréalais et certains des plus grands bâtisseurs canadiens de l'époque que l'arrondissement historique de Senneville est déclaré lieu historique national en 2002. En plus des résidences et de leurs dépendances (maisons de thé, résidences d'employés, écuries, étables, garages…), le site inclut également de nombreux éléments naturels dont les plus importants sont le parc nature de l'Anse-à-l'Orme, le parc agricole du Bois-de-la-Roche, l'arboretum Morgan et le terrain de golf Braeside.

Dans la plupart des grandes villes, ces terres de villégiature à la campagne furent au fil du temps rattrapées par l'expansion urbaine et la construction de bâtiments de service et de commerce. Ce n'est pas le cas de Senneville où l'on se sent encore aujourd'hui comme en pleine campagne. Hélas, la plupart des sites patrimoniaux du chemin Senneville, y compris les ruines du fort, se situent sur des propriétés privées et sont donc inaccessibles au public… À moins de les découvrir en bateau depuis le lac ou pour les plus casse-cou de s'aventurer l'hiver sur la glace.

AUX ALENTOURS

LE PARC NATURE DE L'ANSE-À-L'ORME : LE PARADIS DES VÉLIPLANCHISTES

Ce parc de 196 ha situé au croisement du boulevard Gouin Ouest, du chemin de Senneville et du chemin de l'Anse-à-l'Orme fait face au lac des Deux-Montagnes. Amateurs de planche à voile et de petits bateaux à voile peuvent ici profiter pleinement des vents dominants venant de l'ouest. Une aire de pique-nique, des douches extérieures et deux rampes de mise à l'eau sont à la disposition des visiteurs.

LE PARC AGRICOLE DU BOIS-DE-LA-ROCHE

Ce grand domaine rural de 190 ha replonge les visiteurs dans l'ambiance des fermes d'antan. Il comprend notamment des bâtiments datant du début du XIXe siècle dont certains sont l'œuvre des frères Maxwell, architectes réputés de l'époque. On peut en voir encore certains éléments plus ou moins bien entretenus en empruntant le chemin de l'Anse-à-l'Orme.

Créée en 1880 par le grand financier Louis-Joseph Forget, la ferme a été exploitée par ses descendants jusqu'en 1991. Le domaine est devenu ensuite la propriété de la ville de Montréal en vue de sa protection. Depuis cette date, le domaine du Bois-de-la-Roche fait partie des parcs « en devenir » de la métropole qui devraient être aménagés dans les années à venir.

INDEX ALPHABÉTIQUE

INDEX ALPHABÉTIQUE

Remerciements
Nathalie Didier ma compagne et précieuse première lectrice · Daniel Desjardins des éditions Ulysse · Dinu Bumbaru d'Héritage Montréal · Tourisme Montréal : Marie Dube, Catherine Morellon · Ville de Montréal : Amélie Boucher, Isabelle Dumas, André Gauvreau, Martine Lanctôt, Francine Lord, Isabelle Poulin, Snejanka Popova · François Gélinas et Hélène Dion de la Société québécoise de spéléologie · Benoît Morin, bibliothèque de Westmount · Luc Dagenais, musée de la BMO · Stéphanie Bougie, Bibliothèque et Archives nationales du Québec · René Binette et Chloé Guillaume de l'Écomusée du Fier Monde · Marie-Ève Gauthier, Nathalie Lessard du parc Jean-Drapeau · Paul Labonne du château Dufresne · Carl Carmoni, champion de Mini-Putt · Steve du cinéma L'Amour · Pasquale Iacobacci de la Casa d'Italia · Sara Giguère et Marie-Hélène Vendette du château Ramezay · Thai Van Vu de la pagode Tu Quang · Nguyen Dac Dau et Nguyen Lan Anh du temple caodaïque · Audrey Licop et Marie-Michèle Plante du Centre commémoratif de l'Holocauste · La famille Saint-Michel de Jules-Saint-Michel Luthier · Franck Delache, jardin communautaire Vanier · Mathieu Demers, Éco-quartier du Plateau-Mont-Royal · La Grande Loge du Québec · Gaëtan Dostie de la Médiathèque littéraire · Michel Piché, lutteur et éducateur · Giselle Imbault, maison de Mère d'Youville · Jean-Marc Lefebvre, Henri Henri chapelier · Chuck Hugues du restaurant le Garde-Manger · Bernard Vallée, guide de L'autre Montréal · Pierre Paré, église Saint-Léon de Westmount · Mohamed Hage, Fermes Lufa · Michel Senécal, Radio Canada · Le Dr Denys Ruel du musée Eudore-Dubeau · Mylène Bonnier de la Maison des Patriotes · Marc-André Léger du i-Musée · Nasser Iza du musée des Maîtres et Artisans · Le père Raoul Garcia de l'église Saint-Bernardin de Sienne · Robert Chevrier, Jean-Marc De Nobile du SPVM · Steve Garnett et Robert Thibault du musée des Pompiers · Sharon Wilensky, Wilensky's Light Lunch · Le sculpteur Glen Le Mesurier · Tobi Klein, boulingrin de Westmount · Madeleine Juneau et les guides de la maison Saint-Gabriel · Louis Girouard, paysagiste · Le Dr Andrew Gregory du musée de la logistique des forces canadiennes · Martin Boucher du musée des Ondes Émile-Berliner · Bernadette Bourgeade de l'église Notre-Dame-de-la-Défense · Et aux éditions Jonglez, Stéphanie (maquette), Cyrille (cartes) et bien sûr Thomas.
Que tous ceux qui ont été oubliés m'excusent.

Crédits photographiques :
Toutes les photos sont de **Philippe Renault / hemis.fr** à l'exception de :
Page 39 : photo de la terrasse - Hôtel Opus
Page 41 : photo ancienne - Henri Henri
Page 53 : photo ancienne - Archives Notman musée McCord
Page 85 : photo Jean Gagnon (Creative Commons)
Page 91 : photo Centre de Paix de Montréal
Page 111 : photo ancienne - collection famille Wilensky
Page 185 : photo ancienne - droits réservés
Page 190 : photo ancienne - Rice, Institut de technologie agroalimentaire de Saint-Hyacinthe
Page 231 : photo ancienne - collection Carl Carmoni
Page 232 : photo Société québécoise de spéléologie

Cartographie : **Cyrille Suss** · Conception de la maquette : **Roland Deloi** · Mise en page : **Stéphanie Benoit** · Lecture-correction : **Muriel Mékiès** et **Marie-Odile Boitout**

BIBLIO RPL Ltée
G - OCT. 2013
© JONGLEZ 2013
Dépôt légal : avril 2013 – Edition: 01
ISBN : 978-2-36195-046-0
Imprimé en France par Gibert-Clarey
37 170 CHAMBRAY-LES-TOURS